날마다 새날

날마다 새날

불교 명절에 담긴 수행 이야기

법륜 지음

정토출판

본래의 뜻을 찾아서

이 책에는 우리가 일상에서 쉽게 접하는 불가의 명절에 대한 이야기가 담겨 있습니다.

무심코 '아, 부처님 오신 날이구나, 백중이구나, 동지구나'라며 지나치거나 행사하는 날로 생각했을지도 모르는 불교의 명절에는 우리가 잊지 말아야 할 부처님의 가르침이 담겨 있습니다.

부처님 오신 날 연등 달고 욕불의식을 하고, 백중날 천도재를 지내고, 동지가 되면 팥죽을 끓여 먹고, 설을 맞아 정초 기도를 올리는 불교 명절의 의식들이 있습니다. 이 책은 그런 의식의 본래 의미에 관한 이야기입니다.

그 의미를 살펴보면서 결국 우리들이 찾아야 할 것은, 괴로울 때 그 괴로움을 벗어나 기쁨으로 전환할 수 있는 수행, 날마다 새날이 되는 행복을 향해 나아가는 힘입니다.

일상 속 불교 명절의 이야기 속에서 수행의 힘으로 날마다 새로운 날을 맞는 기쁨을 맛보시기 바랍니다.

2016년 여름

법륜

차례

책을 펴내며 본래의 뜻을 찾아서 4

정초

행복의 첫 단추를 끼우는 기도

첫 단추를 끼우는 마음 13
나날이 새해 새날 17
참 행복 22

입춘

새 인생의 시작, 깨달음의 길목

꿈에서 깨어나기 29
알면 행복해진다 33
수행자는 입춘처럼 38

부처님 오신 날

나를 가장 사랑하는 자, 붓다

부처님이 나시기까지 45

나도 행복하고 남도 행복하게 52

진흙에 물들지 않는 연꽃처럼 57

어둠을 밝히는 지혜의 등불 60

이 작은 등불의 공덕으로 63

혼란에서 희망으로 68

부처님 오신 날은 곧 내가 태어난 날 71

출가일

돌아갈 집을 불살라 버려라

집, 보금자리 77

집, 또 하나의 굴레 80

의지처를 버리고 84

집을 불사르고 87

위대한 출가의 마음 92

성도일

길을 열어 함께 가다

2600년 전의 깨달음 99
완전한 자유, 완전한 행복 103
고苦와 낙樂은 하나의 뿌리에서 107
아, 꿈이었구나 112

열반일

여래는 육신이 아니라 깨달음의 지혜

유여열반과 무여열반 119
가장 행복한 날, 열반 122
스스로 등불이 되어 125
참다운 기적 130
여래는 육신이 아니라 깨달음의 지혜 136
낙숫물이 바위에 구멍을 뚫듯이 140

백중

베풀고, 참회하고, 법을 깨치라

배고픈 사람에게 베푸는 것 149
알게 모르게 지은 죄를 용서받기 위해 153
목련 존자 이야기 158
베풀고, 참회하고, 법을 깨치는 공덕 162
세상 모든 고통에서 벗어나는 길 166
천도재의 의미 170
망자를 보내는 마음 175
불생불멸의 진리 180

동지

아무리 추워도 봄은 온다

봄은 온다, 반드시 온다 187
수행자에게는 동짓날이 봄의 시작 191

책을 덮으며 날마다 새날을 위한 한 걸음 194

행복의 첫 단추를
끼우는 기도

정초

한 해를 아무 탈 없이 편안하게 보내기 위해 하는 기도.
음력 정월 초 3일부터 3일, 7일, 15일 등의 기간을 정해 정진합니다.

첫 단추를 끼우는 마음

정초는 한 해의 첫출발을 말합니다. 어떤 일을 할 때 시작이 반이라고 하듯이 시작을 어떻게 하느냐가 그 일의 성패에 큰 영향을 줍니다. 첫 단추를 잘 끼워야 된다는 말도 있듯이 출발을 잘못하면 만사가 어긋나기 쉽습니다.

정초 기도는 한 해를 아무 탈 없이 편안하게 보내기 위해 하는 기도입니다. 정초에 정성을 기울이면 한 해 동안 살아가는 마음가짐에 깨어 있어서 무심코 행하는 것들을 줄이게 됩니다. 결과적으로 재앙이 되는 것은 줄이고 복이 되는 기회를 만드는 셈이지요.

왜냐하면 사람들이 겪는 인생의 고통을 살펴보면 그 원인이 아주 작은 어리석음에서 비롯된 경우가 많습니다. 조그마한 실수나 사소한 판단 잘못으로 큰 재앙을 불러일으키는 경우가 대부분이기 때문입니다. 그래서 사람들은 자기가 받는 재앙에 대해서 "그래, 이 정도는 내가 받을 만하지"라고 생각하는 경우가 거의 없습니다. 다 억울해하지요. 왜 내가 이런 일을 당해야 하느냐, 나는 잘못한 게 없는데 왜 내 인생에 이런 불행이 오느냐고 한탄합니다. 사람들이 그렇게 생각하는 이유는 큰 재앙의 원인이 아주 작은 데서 비롯되었기 때문입니다. 재앙을 자초한 자신의 실수를 아예 모르거나 아니면 자기가 저지른 실수는 아주 작은데 그 결과로 받는 과보가 너무 크다고 생각하기 때문입니다. 그래서 너나 할 것 없이 다 억울한 거예요. 자기가 지은 인연을 알지 못하기 때문에 그렇습니다. 지은 인연을 알지 못하면 원망이 생깁니다.

우리 인생을 살펴보면 이렇게 지은 인연은 작고 결과는 늘 크게 나타납니다. 그러니 큰 재앙을 불러올 작은 실수를 방지하기 위해 늘 깨어 있어야 합니다. 그래서 한 해가 시작되는 정초에는 새로운 마음으로 한 해의 안녕을 기원하며 마음이 깨어 있기를 기도하는 것입니다.

기도란 마음을 청정히 하고 경건히 한다는 의미입니다. 마음을 아주 조심스럽게 한다는 말이지요. 이렇게 마음을 청정하고 경건히 해 실수나 재앙을 미연에 방지하고 좋은 인연을 맺고 복을 짓기 위해 기도하는 것입니다.

그래서 옛날에는 마음을 청정히 할 때는 제일 먼저 목욕을 했습니다. 목욕재계沐浴齋戒한다고 하지요. 옛날에는 목욕을 자주 하지 않았으니까 몸의 때를 씻어내듯이 마음의 때도 씻어낸다 해서 목욕재계를 하고 깨끗한 옷으로 갈아입었습니다. 그리고 기도할 동안에는 술도 금하고 부부관계도 금했고 육식도 하지 않거나 때로는 금식을 하기도 했습니다. 이런 것은 모두 기도를 할 때에는 매사에 조심스럽게 행동하고 새로운 마음으로 임한다는 표현이지요.

또 기도는 간절한 마음으로 해야 합니다. 지성이면 감천이다, 지극한 정성으로 간절하게 기도하면 하늘도 신도 감응을 한다, 응답이 있다고 했지요. 그렇게 기적은 일어났습니다. 이 세상에서 불가능하다고 하는 일이, 저건 절대로 안 된다 하는 일이 일어났지요. 저 병은 절대로 못 고친다 하는 사람의 병이 낫기도 하고, 잃어버린 아들이 돌아오기도 했습니다.

이럴 때 사람들은 그 사람의 지극 정성에 어떻게 하늘이 감응하지 않겠느냐고 말합니다. 그 기적에 사람들이 다 동의하고 지지한다는 뜻이에요. 만약 그 사람이 욕심으로 기도해서 이루어졌다면 사람들은 그를 시기하거나 욕하거나 세상이 불공평하다고 수군거리겠지요. 그런데 기도를 간절하게는 하는데 욕심을 내서 하는 사람이 있습니다. 욕심은 더러움의 표현이지 청정한 마음이 아닙니다. 옛날 사람들은 그렇게 욕심으로 기도하지 않았어요. 그저 가정의 평화와 건강, 그리고 농사가 잘되기를 기도했지요.

기적은 마음이 청정하고 지극한 정성일 때 일어납니다. 그러니 기도를 할 때에는 청정하고도 간절한 마음이어야 합니다. 그래서 예불을 할 때에도 지극한 마음으로 불보살님과 선지식에게 귀의한다는 지심귀명례至心歸命禮를 합니다. 이렇게 기도를 할 때에는 지극한 마음으로 해야 합니다.

나날이 새해 새날

　　마음이 새로우면 나날이 새날이고 새해입니다. 365일
다 똑같은 날입니다. 마음이 새로워져서, 즉 괴로움에서 벗어나
행복해지는 것이 바로 새날입니다.

　　하지만 우리는 부처님처럼 매일 마음을 맑고 밝고 가볍게 가
지지 못합니다. 늘 내 생각에 사로잡혀서 하루하루를 괴롭게 보냅
니다. 새로 빤 걸레가 하루가 지나면 더러워지듯이 마음이 경계에
물들어서 나도 모르게 화내고 짜증내고 미워하고 슬퍼하고 괴로
워하며 살아갑니다. 그래서 새해 새날이 되면, 지금까지는 비록

내가 괴롭게 살았다 해도 오늘부터는 다시 한 번 마음을 새롭게 다지고 정신을 차려서 행복하게 살아야겠다, 이렇게 마음을 내는 것이지요.

예로부터 우리나라는 정월 초하루부터 사흘 동안 아니면 이레나 보름동안 몸과 마음을 깨끗이 하고 정성을 기울여서 정초 기도를 했습니다. 불교가 이 땅에 들어오기 전에도 우리 선조들은 그렇게 기도했고, 불교가 들어온 뒤로는 부처님 법에 의지해 어리석음을 깨우치고 욕심을 버리는 기도를 하게 된 것입니다.

그렇다면 정초 기도 때 무엇을 생각하며 기도해야 할까요.

첫 번째, 부처님 법을 생각해야 합니다.

새해를 시작하면서 부처님의 가르침에 귀의하는 마음을 가져야 합니다. 먼저 부처님께, 그리고 부처님의 가르침과 부처님의 가르침을 따르는 승가에 귀의하는 불 · 법 · 승 삼보에 귀의해야 합니다.

우리는 불법을 모르고 어리석게 살았기 때문에 갖가지 인생의 고통을 자초해 왔습니다. 부처님 법에 귀의한다는 것은 이러한 어리석음을 버리고 마음을 맑고 밝게 가져 재앙을 미연에 방지하겠다는 마음가짐입니다. 이미 지은 인연의 과보는 기꺼이 받아들이되 다시는 이런 재앙을 자초할 어떤 인연도 짓지 말아야겠다는 다짐입니다.

두 번째, 조상의 은혜에 감사하는 기도를 해야 합니다.

내가 이렇게 하루하루를 복되게 살아가는 것은 내가 잘나서가 아닙니다. 조상의 은혜로 내가 이 아름다운 나라에서 내 나라 말과 글을 쓰고 살아가는 것입니다.

나를 낳아주고 키워주신 부모가 있고, 부모를 있게 한 할아버지 할머니가 있고, 할아버지 할머니를 있게 한 증조부모가 있고, 또 그들을 있게 한 고조부모가 있습니다. 이렇게 오늘날 내가 있게 된 것은 대대로 조상이 있기 때문입니다. 그러니 새해 첫 날, 그분들에게 감사의 인사를 드려야 합니다. 이것을 예로부터 조상에게 차를 올린다 해서 차례 또는 다례를 지낸다고 하지요.

더불어 내 조상뿐 아니라, 우리 민족의 조상, 우리나라를 있게 한 선조들에게도 은혜의 감사 인사를 드려야 합니다. 민족 신앙으로서 민족의 첫 시조인 한■나라의 환인과 배달나라의 환웅, 조선나라의 단군과 부여의 해모수, 고구려의 주몽, 백제의 온조, 신라의 박혁거세, 가야의 김수로왕 등, 역대 왕조의 시조들과 오늘날에 이르기까지 우리나라를 지키기 위해 애쓰신 수많은 애국열사, 나라의 독립을 위해 목숨을 바친 수많은 독립운동가, 민주주의를 실현하는 데 희생한 수많은 민주열사들에게 감사의 인사를 올려야 합니다.

세 번째, 일체중생의 은혜에 감사하는 기도를 해야 합니다.

내가 먹는 밥은 헤아릴 수 없이 많은 사람들이 흘린 땀의 결과입니다. 내가 입고 있는 옷 하나에도 수많은 사람들의 노고가 들어 있고, 내가 타는 차에도 많은 사람들의 노동이 들어 있습니다. 더 나아가서는 모든 동식물뿐 아니라 햇빛, 공기, 물, 땅, 우주 삼라만상 어느 것 하나 내 삶과 연관되지 않은 것이 없습니다.

바로 이 온 중생의 은혜 위에 내 삶이 유지되고 있습니다. 내 몸의 세포 하나하나가 독립된 존재가 아니듯이 내 몸은 지구뿐 아니라 우주의 모든 것들과 하나로 연결되어 그 은혜 위에서 존재합니다.

그런데 사람이 어리석어지면 이러한 온 중생의 은혜를 잊고 화내고 짜증내고 미워하며 나와 남을 괴롭히고 해치는 데 에너지를 쓰게 됩니다. 스스로 어리석어 자신을 해치고 하늘을 원망하고 사주팔자를 탓하고 전생을 탓하고 조상을 탓하고 남을 탓하며 살아갑니다.

이렇게 어리석은 인생을 살지 않으려면 모든 것이 다 내 마음이 짓는 것이라는 진리를 깨닫고, 자기 생각에 사로잡힘에서 벗어나야 합니다. 그래야 내 삶이 나날이 새해 새날이 됩니다.

참 행복

　　　　나를 낳아주고 키워준 부모의 은혜를 잊고 부모를 원망하거나 귀찮게 생각하거나 미워하는 것은 큰 고통입니다. 또 내가 낳아서 애지중지 키운 자식과 사이가 나빠져 자식을 미워하는 것도 큰 괴로움입니다. 내가 좋아서 결혼하여 같이 사는 아내나 남편을 미워하고 원망하고 결혼한 것을 후회하는 것 또한 큰 불행입니다. 동네에서 함께 자라거나 학교를 함께 다니거나 같은 직장을 다니는 동료, 친구, 이웃을 미워하는 것 또한 어리석은 짓입니다. 내 나라 역사를 모르고 조상에게 감사할 줄 몰라 자신의 정체

성을 잃고 내 나라 내 민족을 비하하며 사는 것 또한 어리석은 짓입니다. 내가 이 땅에서 태어나고 이 부모 밑에서 태어나 자라고 오늘 여기에 있는 것에 자긍심을 갖고 부모에게 조상에게 나라에게 감사한 마음을 낼 때, 내 괴로움이 적어지고 마음에 행복이 깃들게 됩니다.

　현재 우리나라는 여러 가지 어려움에 처해 있습니다. 민족이 분단되고 전쟁까지 치렀지만 통일은 말할 것도 없고 아직 전쟁도 종결하지 못 하고 있습니다. 적어도 이 시대에 이 문제만큼은 어떻게든 해결해야 합니다. 그래야 이 나라에 희망이 있습니다. 우리 후손에게 평화롭고 행복한 나라를 물려주려면 민족의 가슴속에 있는 과거의 상처들을 이제는 씻어내야 합니다. 그래서 정초에는 간절한 마음으로 나라와 민족을 생각하는 기도가 필요합니다.
　현재 전 지구적인 이상 기온이 나타나고 환경이 오염되는 것은 에너지를 너무 많이 써서 그렇습니다. 예전에 비하면 충분히 잘 먹고 잘 사는데도 사람들은 더 많이 소비하는 데에만 열중합니다. 불도 환하게 밝혀놓아야 하고 옷도 유행 따라 입어야 하고 기분 전환한다고 차 몰고 이리저리 돌아다닙니다. 이런 과다한 에너지 사용이 결국은 지구를 훼손시키고 인류를 멸망으로 이끌게 됩니다. 지구 저편에서는 사람들이 먹을 것이 없어 굶어 죽어 가는데 이쪽에서는 다 먹지도 못할 음식을 많이 차리고는 산더미 같은 음식물쓰레기 처리를 놓고 고민합니다. 지구의 살 길, 나라의 살 길, 이웃의 살 길을 함께 찾아서 미래의 희망을 만들어야 합니다.

정초에나마 '나 혼자만' 하는 마음가짐을 반성하며 기도해야 합니다. 지구의 이런 불행과 고통이 내 어리석음으로부터 도래한 것임을 깊이 뉘우쳐야 합니다. 배고픈 사람을 생각하고, 병든 사람을 생각하고, 배우지 못한 아이들을 생각해야 합니다. 내가 온 중생의 은혜 속에서 살고 있다는 사실을 다시 한 번 되새기며 굶주리는 사람들, 병들어 죽어가는 사람들, 배우고 싶어도 배우지 못하는 아이들이 모두 전적으로 내 책임이라는 참회의 마음을 내야 합니다.

지나온 내 삶의 태도를 반성하고 앞으로 다시는 어리석게 살지 않겠다고 스스로에게 약속해야 합니다. 이렇게 좀 더 넓게 생각하고, 좀 더 크게 생각하고, 좀 더 미래를 생각하는 그런 마음으

로 산다면 결과적으로 그 과보는 내 자신에게 돌아옵니다. 그러면
온 중생이 행복해야 내가 행복하다는 걸 깨우쳐 알게 됩니다. 그
래야 내 마음에도 참된 행복이 깃들게 됩니다.

새 인생의 시작,
깨달음의 길목

입춘

24절기의 시작으로 봄이 옴을 알리는 절기.
보통 양력 2월 4일경에 해당하며
봄날 같은 좋은 날이 오기를 바라는 마음에서 기도합니다.

꿈에서 깨어나기

예로부터 입춘에는 입춘대길立春大吉이라 해서 모든 재앙이 사라지고 봄날 같은 좋은 날이 오기를 바라는 마음에서 기도를 했습니다. 입춘은 설날과 날짜가 거의 비슷합니다. 입춘 전후로 설이 있지요. 그래서 중국에서는 설을 춘절이라고 하는데 입춘과 거의 같은 뜻입니다. 봄이 오는 입구에 있다는 말이지요.

사실 불교와 입춘 기도는 상관이 없습니다. 그럼 다른 종교에서는 입춘 기도를 하지 않는데 왜 불가에서는 불교의 정통 문화가 아닌데도 입춘 기도를 하는 걸까요. 이것은 24절기 가운데 입춘과 동지는 계절적 절기를 표시하는 날이기도 하지만 그것이 갖는 의미가 수행의 관점과 매우 비슷하기 때문입니다. 그래서 불교에서는 입춘과 동지에 기도를 합니다.

사람들은 누구나 인생을 살면서 갖가지 어려움을 겪습니다. 어려움을 겪을 때는 이 어려움이 빨리 사라지고 좋은 날들이 오기를 간절히 바라지요. 하지만 세상사는 우리가 원하는 대로 그렇게 잘 풀리는 것만은 아닙니다. 아니, 오히려 내가 원하지 않는 방향으로 일이 진행되는 경우가 더 많습니다. 그럴 때 사람들은 흔히 세 종류로 생각합니다.

첫째, 인간의 행과 불행, 즉 모든 것은 하늘에 있는 신이 결정한다. 우리가 아무리 발버둥을 쳐도 우리 뜻대로 되는 게 아니다.

둘째, 인간의 운명은 전생에 이미 정해져 있다. 전생에 어떻게 살았느냐에 따라 지금 생이 결정된다. 이제 와서 애쓴다고 바뀌는 게 아니다.

셋째, 태어난 연월일시에 따라 운명이 정해진다. 이 세상에 태어날 때 몇 년, 몇 월, 몇 일, 몇 시가 정해지듯이 그것에 따라서 운명이 정해져서 이미 이렇게 살도록 정해져 있다.

이런 세 가지 주장을 모두 숙명론이라고 할 수 있습니다. 내 운명은 내가 변화시킬 수 있는 게 아니라 이미 정해져 있으니 그 정해진 운명에 따라 사는 길밖에 없다는 것이지요. 이런 숙명론에 따른다면 인간이 할 수 있는 일은 별로 없습니다. 내 인생을 어떻게 바꾸려고 노력할 필요도 없습니다.

우리가 살다보면 이런 숙명론을 느낄 때가 많습니다. 못된 짓을 하는 사람도 부자로 잘만 살고, 착한 여자인데 못된 남편에게 시집가서 죽을 고생을 하고, 열심히 살던 사람이 살 만해지니 병에 걸려 덜컥 죽어버리고, 이런 것을 보면 사람이 노력한다고 되는 게 아니라 운명에 따라 사는 거라는 생각이 들기도 합니다. 신이 다 알아서 하는 일이다 싶기도 하지요.

또 이와 달리 인생은 우연이라는 주장도 있습니다. 엎어지고 자빠지고 하는 것도 다 우연이라는 겁니다. 신이 있어서 그런 것도 아니고 사주팔자가 정해져서 그런 것도 아니고 그냥 우연히 그렇게 되는 것이라는 것입니다. 이걸 우연설이라고 하는데, 이것 역시 인간의 운명을 인간이 어떻게 할 수가 없다는 점에서는 숙명론과 동일합니다.

하지만 부처님은 이런 것들은 다 내가 내 삶의 주인이 되지 못해서 나온 이야기라고 하셨습니다. 정작 내 삶인데 내가 빠져 있다는 것이지요. 내가 주인이 아니라 사주가 주인이고 전생이 주인이고 하느님이 주인이고 우연이 주인인 것입니다.

부처님은 인생이나 이 세상은 다 인연과의 법칙에 따라 움직인다고 하셨습니다. 해가 뜨고 비바람이 치고 계절이 바뀌는 모든 것이 인연과의 법칙입니다. 사람이 태어나고 죽는 것, 행이 있고 불행이 있는 이 모든 것들이 인연 과보라는 말씀입니다.

그런데 사람들은 이렇게 엄연히 존재하는 자연의 법칙뿐 아니라 자신이 살아가는 삶의 원리와 법칙도 모르고 마치 꿈속에서 살듯 환상 속에서 살 때가 많습니다. 현실 속에서 사는지 꿈속에서 사는지 구분이 안 될 만큼 터무니없는 소리를 하고 행동합니다. 그런 사람은 자기가 허황된 줄도 모른 채 자기 말과 행동에 확신을 가지고 있지요. 이런 허황된 환상에서 깨어나서 현실로 돌아오는 것, 꿈에서 깨어나는 것이 바로 깨달음입니다. 그리고 깨어나면 꿈에서 있었던 일은 그것이 좋은 일이든 나쁜 일이든 그냥 모두 헛된 것일 뿐입니다.

알면 행복해진다

　　세상과 사람의 일은 우연히 이루어지는 것도 아니고 뒤에서 누가 조종을 하는 것도 아니고 이미 전생에 정해진 것도 아닙니다. 반드시 인연과의 법칙으로 이루어집니다. 이것이 부처님이 깨달으신 원리입니다.

　　콩을 땅에 심으면 봄에 싹이 납니다. 아무것도 없어 보이던 밭에서 싹이 나는 것은 이미 그 밭에 싹이 틀 수밖에 없는 씨앗이 심어져 있었기 때문입니다. 그 씨앗이 인因입니다. 결과의 직접적인 원인이라는 것이지요.

　　그럼 이렇게 인이라는 씨앗이 있어서 싹이라는 과보가 났다고 생각하겠지만 반드시 그렇지도 않습니다. 만약 씨앗을 천장에 매달아놓으면 봄이 되어도 싹이 트지 않습니다. 씨앗이 싹이 트려면 밭이 있어야 합니다. 밭이라는 말은 거기에 일정한 온도가 있어야 하고 일정한 습기가 있어야 하고 일정한 양분이 있어야 한다는 말이지요. 그러한 조건이 갖추어질 때 비로소 씨앗에서 싹이 틉니다. 이때 그 주변 조건을 연緣이라고 합니다.

그리고 이러한 인연이 결합해서 나타난 것을 과果라고 합니다. 그래서 인연과입니다. 세상일은 모두 인연과의 법칙으로 이루어져 있습니다. 그런데 사람들은 보통 인과의 법칙을 말합니다. 인과법은 연을 무시한 말입니다.

어떤 한 사람의 운명은 그가 어떤 부모에게서 태어났는지, 어떤 사람과 결혼했는지 등 여러 사회적 위치에 따라 달라집니다. 그러나 또 이 사람이 어떤 부모에게서 태어났든 어떤 사람과 결혼하든 그에 따라 무조건 잘살고 못살게 되는 건 아닙니다. 그가 어떤 인격을 가지고 있느냐에 따라서 운명이 달라집니다.

한 사람 개인을 인이라고 하면 그 사람이 태어나서 사는 주변 조건이 연입니다. 그 인과 연에서 그 사람의 삶이라고 하는 과가 나타납니다. 그런데 이것을 인만 강조해 모든 일은 자기하기 나름 이라며 주위 조건을 다 무시해 버리면 잘못된 종교관에 빠지게 됩니다. 또 반대로 연만을 강조해 모든 책임을 사회문제로 인식해 제도만 고치면 된다는 생각에 치우치면 공산주의에 빠지게 됩니다. 그래서 종교와 공산주의가 앙숙이 되어 공산주의는 종교를 아편이라고 하고 종교는 공산주의를 악마라고 치부합니다. 그러나 불교는 이런 두 가지 관념에 치우치지 않습니다. 개인의 인격이 어떤가도 중시하고 동시에 그 사람이 놓인 처지가 어떤가도 중시합니다. 인과 연을 둘 다 똑같이 중요하게 생각합니다.

불교는 인연과의 법칙입니다.

인연과의 법칙을 믿는다면 수행의 태도와 기도하는 태도가 달라집니다. 노력은 안 하고 일은 잘되게 해달라고 비는 건 인연과의 법칙에 맞지 않는다는 걸 알기에 원하는 바가 있으면 열심히 노력하게 됩니다. 남이 보는 데서 좋은 일을 조금 해놓고 많이 했다고 하고, 남이 안 보는 데서 나쁜 일을 많이 해놓고 조금 했다고 하면서 인생이 잘되기를 바라지 않습니다. 인연과보를 믿으면 계율을 지켜라 마라 말하지 않아도 저절로 지키게 됩니다. 그런데 사람들은 이런 단순명료한 인연과를 모르기에 점점 더 인생을 힘들게 살고 고통에 빠지게 됩니다.

여러분은 지금 행복한가요?

어릴 때를 생각해 보면 그때도 나름대로 괴로웠고 이런저런 구속을 많이 받았지요. 그래서 나도 어른만 돼봐라, 엄마 간섭도 안 받고 내 마음대로 하고 살 거다 했지요. 어른만 되면 행복해질 것 같았지요. 그런데 대여섯 살 먹은 어린애와 지금을 비교해 보면 누가 더 괴롭고 누가 더 구속을 많이 받나요.

어릴 때와 지금을 비교해 보면 지금이 가진 게 훨씬 더 많지요. 돈도 많고 지식도 많고 경험도 많습니다. 그런데 왜 그때보다 지금이 더 행복하지 않습니까. 그렇게 20년, 30년 노력하며 살았는데 오히려 더 나빠졌잖아요. 그렇다면 도대체 인생을 어떻게 산 건가요. 해를 거듭할수록 더 자유로워지고 더 행복해져야 할 텐데 왜 해를 거듭할수록 괴로워지는 걸까요?

부처님은 왕자로 지내던 어릴 때보다 거지와 다름없는 수행자의 삶을 살 때가 더 행복했습니다. 걸식을 하면서 집도 없이 나무 아래에서 살았지만 왕자일 때보다 훨씬 더 행복했습니다. 그런데 우리는 반대지요. 어릴 때보다 가진 것도 많은데 지금이 더 괴롭습니다. 어릴 때를 생각하면 몸서리가 쳐지고 지금이 정말 좋아야 하는데 그렇지 않아요.

그런데 이 법을 깨치고 나면 불법을 만나지 못했던 과거가 아찔해집니다. 그 지옥 같은 삶 속에서 헤맨 것을 생각하면 지금은 그저 행복해집니다. 누구와 싸울 일도 없고 무엇 때문에 괴로워할 일도 없고 세상 무슨 큰 일이 닥쳐도 아무것도 아닌 일이 되어버립니다. 인연과의 법칙을 알면 지금 당장 행복해질 수 있습니다.

수행자는 입춘처럼

　　인연과의 법칙에서 인과 연이 만나서 과가 나타나는 시기는 각기 다릅니다. 즉시 나타나는 것도 있고, 한 시간 후에 나타나는 것도 있고, 한 달 후에 나타나는 것도 있고, 1년 후에 나타나는 것도 있고, 10년 후에 나타나는 것도 있고, 50년 후에 나타나는 것도 있습니다. 또 이번 생에는 나타나지 않다가 다음 생에 나타나는 것도 있고, 다섯 생이 지난 뒤에 나타나는 것도 있고, 열 생 뒤에 나타나는 것도 있습니다. 그러니 내가 지금 받는 것 중에는 지금 내가 한 생각 잘못해서 받는 것도 있고 내 조상이 잘못해서 받는 것도 있습니다.

그러나 내가 지금 어떤 상태에 있든 인연과보를 알고 기도하는 사람은 바로 그 순간, 미래에 행복이 오리라는 것이 눈에 보입니다. 지금 아무리 추워도 곧 봄이 오리라는 것을 알지요. 그래서 지금은 비록 갖가지 어려움이 닥쳐도 이것은 다 옛날에 진 빚을 갚는 것입니다.

빚이 없는 사람은 돈을 벌면 바로 쓸 수 있지만 빚이 있는 사람은 일단 빚부터 갚아야겠지요. 열심히 일해 봐야 빚쟁이들이 다 가져가 버립니다. 노력은 노력대로 하고 돈은 돈대로 사라지니 이걸 뭐 때문에 하느냐 싶지만 그렇지 않으면 영원히 빚쟁이로 살아야 합니다. 인연과보의 이치를 아는 사람은 내가 빚이 있어 갚는 중이라는 것을 압니다. 빚은 빨리 갚을수록 좋다는 걸 아니 지금 내 상황이 더 없이 좋은 것임을 압니다.

이렇게 빚을 갚는 기도를 하다 보면 어느 순간 삶이 조금 나아진 걸 느끼게 됩니다. 그때가 절기로 말하자면 입춘입니다. 아직 따뜻해진 것은 아니지만 이제 더 이상 추워지는 경우는 없는 것 같아요. 아직도 추위는 있지만 견딜 만한 겁니다.

이렇게 봄의 문턱에 들었음을 피부로 느끼게 되는 입춘은 기도로 치면 기도를 시작한 지 100일쯤 지났을 때와 같습니다. 보통 100일쯤 기도하면 자기에 대해 조금 알게 됩니다.

이렇게 내 인생에서 삶이 변하는 것 같다고 느낄 때가 입춘입니다. 입춘이 오면 이제 한겨울이 지나갔다는 걸 알 수 있습니다. 그 뒤로도 꽃샘추위가 오지만 이미 온 봄을 꽃샘추위가 막을 수는 없습니다. 수행에서도 뭔가 한 번 큰 고비를 넘어가면 더 이상 뒤로 물러나지는 않는 경지가 있습니다. 이런 단계를 수행의 계위로는 수다원須陀洹에 이른다고 합니다. 해탈의 길에 이미 들어왔다는 말이지요. 입춘은 어떤 면에서는 깨달음의 길에서 수다원에 든 것과 같습니다.

그래서 입춘을 맞은 수행자는 입춘처럼 되기를 기원하며 기도를 하는 겁니다. 설령 앞으로 재앙이 오더라도 내가 감당할 수 있다는 것을 아는 것이지요. 아직은 추위가 남아 있지만 따뜻함이 온다는 것을 아는 겁니다.

입춘이 지나면 비가 한 번씩 올 때마다 얼음이 녹습니다. 입춘 뒤에 내리는 비가 구석진 곳의 눈을 녹이듯, 고비를 넘긴 수행자는 그 뒤로는 넘어지고 엎어지더라도 뒤로 물러나는 것이 아니라 그게 도리어 앞으로 나아가는 계기가 됩니다. 입춘을 지난 수행자는 비록 화를 내고 실수를 해도 그것에 구애받지 않습니다. 오히려 내가 수행이 덜 되었구나 해서 발심하는 계기가 됩니다. 자신이 저지른 실수가 포기를 하는 계기가 되는 게 아니라 앞으로 더 크게 정진할 수 있는 계기가 됩니다.

이렇게 입춘 기도는 수행자로서의 마음을 다잡는 정진의 계기가 되는 기도입니다.

나를 가장 사랑하는 자, 붓다

부처님 오신 날

부처님 태어나심을 기뻐하는 날.
음력 4월 초파일.

부처님이 나시기까지

　　부처님 오신 날은 음력 4월 8일입니다. 부처님이 출가
하신 날은 음력 2월 8일이고, 깨달음을 이루신 날은 음력 12월 8
일, 열반하신 날은 음력 2월 15일입니다.

　　그런데 남방 불교에서는 부처님이 태어나신 날과 깨달음을 이
루신 날, 열반하신 날이 같습니다. 인도 달력은 3월에 새해가 시
작되고 만월이 되는 날이 그 달의 마지막 날입니다. 그래서 우리
처럼 초파일, 성도일, 열반일이 따로 있는 게 아니라 인도 달력으
로 2월 30일, 보름달이 뜨는 이 날이 부처님 탄신일이면서 성도절
이면서 열반일입니다. 우리 달력으로는 음력 4월 15일입니다. 이

것은 문화적인 차이인데 어느 나라가 더 정확한지는 현재로서는
알 수 없습니다.

부처님은 인도 북쪽 히말라야 산 아래 카필라바스투에서 샤카
족의 왕자로 태어났습니다. 아버지는 숫도다나, 어머니는 마하마
야부인입니다. 숫도다나 왕과 마야부인은 늦도록 아이가 없어서
늘 좋은 마음, 좋은 행실을 쌓으며 아들을 낳게 해달라고 기도한
끝에 아기를 잉태했습니다.

산달이 되자 마야부인은 그 당시 풍습대로 아기를 낳기 위해
카필라바스투를 떠나 고향인 데바다하로 가기 위해 길을 나섰습
니다. 정오쯤 되어 룸비니 숲에 이르렀을 때 아쇼카나무에 꽃이
활짝 핀 것을 보고는 마야부인은 잠시 가마에서 내려 꽃구경을
했습니다. 그러다 갑자기 산기가 와서 아쇼카나무 가지를 잡고
아기를 낳았습니다. 그 아기가 고타마 싯다르타, 석가모니 부처
님입니다.

부처님은 태어나자마자 동서남북으로 일곱 걸음을 걸은 뒤,
오른손으로 하늘을 왼손으로 땅을 가리키면서 '천상천하 유아독

존天上天下 唯我獨尊 삼계개고 아당안지三界皆苦 我當安之’ 라고 큰 소리로
말했습니다.

'하늘 위 하늘 아래 나 홀로 가장 존귀하네.

삼계가 다 괴로움에 빠져 있으니 내 이를 마땅히 구제하리라.'

석가모니 부처님이 이렇게 태어나시기 전에는 어디에 계셨는
가. 이에 대해서는 경전에 있는 부처님 전생 설화를 통해 알 수 있
습니다. 석가모니 부처님은 과거 한없는 아승지겁(阿僧祇劫 : 헤아릴
수 없이 긴 시간) 전에 연등 부처님이 중생을 교화하던 때에 선혜라
는 이름의 수행자였습니다. 고귀한 집 아들로 태어난 선혜 행자는
아버지가 돌아가시자 귀한 신분의 높은 지위와 많은 재산을 물려
받았는데 그때 문득 의문이 들었습니다.

"윗대로 7대 할아버지부터 아버지에 이르기까지 재물을 이렇
게 많이 모으고 지위도 높아졌다. 그런데 막상 아버지는 돌아가실
때 이 많은 재산 가운데 동전 한 닢도 가져가지 못하고, 그 높은
지위 가운데 털끝 하나도 가져가지 못했다. 나 역시 죽을 때 동전
한 닢, 지위 하나 가져가지 못할 것이다. 이렇게 많은 재물도 이렇

게 높은 지위도 참으로 내 것이 아니로구나."

그래서 선혜 행자는 아버지 장례를 치르고 나서 그 많은 재산을 가난한 사람들에게 다 나눠주고 가문의 높은 지위도 반납하고는 숲속으로 들어가 수행을 시작했습니다.

'참으로 내 것이 될 수 있는 게 뭘까. 나는 누구인가.' 이렇게 참 나를 찾기 위해 큰 의문을 가지고 용맹 정진하다가 일주일 만에 다섯 가지 신통이 열렸습니다.

보지 않아도 저 멀리까지 보이는 천안통天眼通이 열리고, 먼 곳의 말까지 다 알아들을 수 있는 천이통天耳通이 열리고, 다른 사람의 마음을 읽을 수 있는 타심통他心通이 열리고, 나와 남의 전생 현생 내생을 알 수 있는 숙명통宿命通이 열리고, 몸을 여기저기 나타나게 하는 신족통神足通이 열렸습니다. 그러나 다섯 가지 신통이 생겨도 처음 품은 의문은 풀리지 않고 번뇌가 다하지 않았습니다. 깨달음을 얻지 못했던 것이지요.

그래서 선혜 행자는 다시 마을로 내려와 스승을 찾아 헤매다가 연등 부처님燃燈佛이 세상에 나오셨다는 소식을 듣게 되었습니다. 마을 사람들은 진흙탕 길에 흙을 덮어 메우고, 꽃을 뿌리는 등

연등 부처님 지나시는 길을 장식하고 있었습니다. 그것을 본 선혜 행자는 생각했습니다.

'부처라는 소리조차 이 세상에서는 듣기 어려운 일인데 부처 님을 만나기란 하늘에서 떨어진 바늘이 겨자씨에 꽂히는 것보다 더 어려운 일이다. 하물며 눈앞에서 부처님을 뵙고 설법을 듣는 일이야 얼마나 어렵고도 귀중한 인연인가. 나도 마을 사람들과 함 께 부처님 오시는 길을 닦아야겠다.'

선혜 행자는 마을 사람들과 어울려 부처님이 오실 길을 닦았 습니다. 선혜 행자는 신통력으로 그 길을 말끔히 닦을 수도 있었 지만 그렇게 하는 것은 열과 성을 다하는 것이 아니므로 직접 흙 과 모래를 가져다가 물이 고인 곳을 메우기 시작했습니다.

그런데 마을 사람들이 길을 다 고치기도 전에 부처님과 제자 들이 다가오고 있었습니다. 선혜 행자는 진흙탕 가까이 걸어오시 는 부처님을 보자 입었던 옷을 벗어 진흙탕에 깔고 그것도 부족하 자 머리를 풀어헤쳐 진흙을 덮고 또 땅 위에 온몸을 던지며 말했 습니다.

"부처님, 진흙을 밟지 마시고 부디 제 머리털과 몸을 밟고 지나가십시오."

그러자 연등 부처님이 선혜 행자를 보고 말씀하셨습니다.

"장하다, 선혜 행자여. 그대의 보리심은 참으로 갸륵하구나. 이같이 지극한 공덕으로 그대는 오는 세상에 기필코 부처가 되리니 그 이름을 석가모니라 부르리라."

그렇게 부처가 되리라는 수기를 받은 뒤로도 선혜 행자는 수없이 많은 보살행을 했습니다. 그리고 도솔천의 호명보살이 된 뒤, 온 중생이 괴로움에 빠져 있는 것을 보고는 중생계에 태어나 그들을 고통에서 건져주리라 마음먹었습니다.

도솔천의 호명보살은 괴로움에 빠진 중생들을 구제하기 위해 인간의 몸으로 태어날 때가 되었음을 알고 찬찬히 인간 세상을 살펴보았습니다. 그는 마음이 깨끗하고 청정한 마야부인의 태중에 들기로 하고 상아가 여섯 개 달린 흰 코끼리로 변해 마야부인의 태중에 들었습니다.

경전에는 호명보살이 마야부인의 태중에 들자 사자와 토끼가, 뱀과 개구리가 함께 뛰놀고 눈 먼 이는 눈을 뜨고, 귀머거리는 귀가 열리고, 벙어리는 입이 열리고, 앉은뱅이는 일어서고, 꼽추는 등이 펴졌다고 씌여 있습니다.

이게 무슨 말일까요? 아기를 가진 어머니의 마음이 그만큼 청정해졌다는 말입니다. 살생의 마음, 도둑의 마음, 사음의 마음, 거짓의 마음이 모두 사라졌다는 것이지요. 어머니의 마음이 그런 마음이었기에 거기에서 성인이 태어날 수 있었던 것이지요. 또 그 반대로 성인이 태중에 들었기에 어머니가 그런 마음이 되었다고도 말할 수 있습니다.

나도 행복하고 남도 행복하게

　　부처님은 마야부인의 오른쪽 옆구리에서 태어났다고 경전에서 전하고 있습니다. 수술을 해서 태어난 것도 아닌데 어떻게 옆구리에서 태어날 수 있느냐고 하지만 이것은 종교적인 상징적 언어입니다. 즉 부처님은 석가족으로 크샤트리아 왕족 출신이라는 것을 말합니다.

　　인도 신화에서는 신이 이 세상을 창조할 때 신의 입에서는 브라만 계급을, 신의 두 팔(옆구리)에서는 크샤트리아 계급을, 신의 배에서는 바이샤 계급을, 신의 발바닥에서는 수드라 계급을 창조했다고 합니다. 그와 견주어서 볼 때 부처님이 옆구리에서 태어났다는 것은 크샤트리아 왕족 출신이라는 것을 상징합니다.

부처님이 태어나자마자 일곱 걸음을 걸었다는 것은 육도六道를 벗어난 분이라는 걸 상징합니다. 육도는 지옥·아귀·축생·인간·수라·천상을 말하는데, 중생은 이 육도를 돌고 도는 윤회를 합니다. 부처님은 육도를 벗어나 해탈을 하실 분이기에 여섯 걸음에서 한 발 더 나아가 일곱 걸음을 걸었다는 것으로 표현하고 있습니다.

또 한 손은 하늘을, 다른 한 손은 땅을 가리키면서 천상천하 유아독존天上天下 唯我獨尊이라고 했는데, 천상은 신들의 세계를 말하고 천하는 인간세계를 말합니다. 신과 인간세계를 통틀어서 내가 가장 존귀한 존재라는 뜻이지요.

부처님은 왜 하늘 위 하늘 아래 내가 가장 존귀하다 했을까요. 부처님만 존귀하고 우리는 존귀하지 않은가, 이게 아닙니다. 이 법을 깨치면 우리 모두가 하늘 위 하늘 아래 가장 존귀한 자가 된다는 말씀입니다.

천상천하 유아독존이니 나를 아끼고 사랑하고 소중히 여겨야 합니다. 내가 나를 아끼지 않는데 누가 나를 아껴주겠으며 내가 나를 사랑하지 않는데 누가 나를 사랑해 주겠습니까. 또 내가 나를 사랑할 줄 모르는데 누구를 사랑하겠으며 내가 나도 아낄 줄 모르는데 누구를 아낄 수 있겠어요.

그러므로 사랑하고 사랑받을 줄 아는 인간이 되는 출발점은 내가 내 자신을 사랑하는 겁니다. 나를 괴롭히지 않고 나를 속박하지 말아야 합니다. 이렇게 육체적으로도 정신적으로도 건강하게 사는 이가 바로 보살이고 부처입니다.

우리 모두가 하나도 빠짐없이 그런 길을 갈 수 있다고 알려주시기 위해 부처님이 이 세상에 오신 것입니다. 내 자신이 저 하늘의 신보다 더 귀하고 세상 어떤 재물과 권력과 명예보다도 더 소중한 존재라는 걸 가르쳐주시려고 부처님이 이 세상에 오신 것입니다.

하지만 부처님은 단순히 존귀한 존재로 끝나는 게 아니라 이 세상의 모든 고통 받는 중생을 구제하러 오셨습니다. 그래서 '삼계개고 아당안지三界皆苦 我當安之'라 했습니다. 삼계는 우리가 사는 사바세계를 말합니다. 삼계가 다 고통 속에 빠져 있으니, 내 이를 마땅히 구제하리라고 선언하신 것입니다.

이것은 갓 태어난 아기가 그렇게 말했다기보다 부처님이 이 세상에 오신 이유를 함축적으로 표현한 것이지요. 위로는 깨달음을 얻어 성불하고, 아래로는 일체중생을 구제하러 이 세상에 오셨다는 것을 표현하는 말입니다. 이것을 대승 불교에서는 상구보리 하화중생이라고 합니다.

그런데 많은 불자들이 '천상천하 유아독존'이라는 구절은 아는데 '삼계개고 아당안지'라는 구절은 모르는 경우가 많습니다. 석가모니 부처님이 부처가 되기 위해 이 세상에 오셨다고만 알지 일체중생을 구제하러 오셨다는 것을 모른다는 말이지요. 이 구절을 잊고 있기에 지금의 불교는 중생을 구제하는 전법의 정신, 남을 돕는 자비의 정신이 부족하다고도 말할 수 있습니다.

부처님이 태어나자 아홉 마리의 용이 나타나 찬물과 더운물로 아기의 몸을 씻기니 아기의 몸이 황금빛으로 빛났습니다. 그래서 부처님 오신 날 욕불 의식을 하게 된 것입니다. 아기 부처님을 목욕시키는 의식이지요. 그렇게 몸을 씻기니 아기의 몸이 빛났다는 것은 과거의 모든 업장이 다 녹아났다는 의미입니다. 그래서 욕불의식은 부처님의 탄생을 축하하는 의미이기도 하지만 이러한 욕불의식을 통해 내 업장을 녹이는 것이기도 합니다. 그러니 나도 부처님처럼 과거 생으로부터 지금에 이르도록 지은 업장을 다 씻어버리고 모든 괴로움에서 벗어나리라고 다짐해야하는 것이지요.

이렇듯 업장이 다 녹으면 우리도 부처가 될 수 있다 하여 수기를 받습니다. '우리도 미래세에 부처가 되리라' 이렇게 수기하는 의식을 관정灌頂이라고 합니다. 미간 백호에 관정을 함으로써 미래세에 부처가 될 수 있다는 약속을 하는 겁니다. 그럼 그 순간부터 보살이 됩니다. 지금까지는 중생이었지만 이제 부처가 되리라는 수기를 받았으니 부처가 되는 길에 들어선 것이지요.

선혜 행자가 연등 부처님께 수기를 받고 훗날 석가모니 부처님이 되었듯, 부처님 오신 날 수기를 받은 사람은 부지런히 수행 정진해서 언젠가는 꼭 부처를 이루어야 합니다.

이처럼 부처님이 이 세상에 오신 까닭은 우리를 밝은 법으로 이끌어 우리 또한 부처가 되도록 하는 데 그 목적이 있습니다.

진흙에 물들지 않는 연꽃처럼

불교에서는 옛날부터 부처님 오신 날 연꽃 모양의 등을 답니다. 대승 불교를 상징하는 꽃이 연꽃이기 때문입니다.

연꽃은 진흙탕 연못에서 자랍니다. 더러운 연못에서 자라는데도 연잎에는 진흙이 묻지 않으며 수면 위로 곧게 뻗은 줄기에는 아름다운 꽃이 핍니다. 그런 연꽃은 사바세계에 살면서도 물들지 않는 수행자의 모습을 상징합니다. 대승 불교에서 말하는 보디사트바bodhisattva, 즉 보살菩薩을 말하는 것이지요. 보살은 진흙탕 연못으로 비유되는 사바세계, 중생이 사는 이 세속의 세계, 욕망이 있고 성냄이 있고 어리석음이 있어 갈등하고 싸우는 인간세계에 물들지 않고 피어나는 한 송이 연꽃이지요.

사람은 존재하는 방식에 따라 네 가지 유형으로 나눠볼 수 있습니다. 첫 번째가 더러운 곳에 있으면 더러움에 물드는 존재, 중생입니다. 두 번째는 더러움에 물들지 않기 위해 더러움을 떠나 있는 존재, 출가사문입니다. 세 번째는 더러운 가운데 있어도 더러움에 물들지 않는 존재, 보살입니다. 네 번째는 더러움에 물들지 않을 뿐 아니라 그 더러움을 오히려 깨끗이 하는 존재, 부처입니다.

이런 네 가지 유형에서 소승 불교는 이 더러운 세상을 피해 떠납니다. 세상을 세간과 출세간, 거짓된 세계와 참된 세계로 나누어 더러운 세계에 머무르지 않고 세속을 떠납니다. 그러나 대승 불교는 진속眞俗이 둘이 아닙니다. 진과 속을 나누지 않습니다. 세간과 출세간을 나누지 않습니다. 번뇌와 보리를 나누지 않습니다. 번뇌가 즉 깨달음입니다.

그래서 대승 불교 수행자는 세간을 떠나지 않고 세간 속에서 물들지 않으며 부처의 세계로 나아갑니다. 위로는 깨달음을 구하고 아래로는 어리석은 중생을 교화합니다. 상구보리上求菩提 하화

중생下化衆生이지요. 깨달음과 중생 구제가 둘이 아니라, 중생을 구제하는 가운데 깨달음을 얻는 것입니다. 이 사바세계를 떠나 정토 세계로 가는 게 아니라 사바세계를 그대로 정토로 만듭니다. 이것이 대승 보살의 원입니다. 그래서 보살의 수행을 연꽃에 비유합니다.

어둠을 밝히는 지혜의 등불

　　우리는 세상을 살아가면서 늘 크고 작은 고통을 겪습니다. 이 고통의 원인은 어디에 있는 것일까요? 그것은 무지無知에 있습니다. 모르는 데 있는 것이지요. 하느님이 나를 벌 줘서 그런 것도 아니고 사주팔자가 나빠서 그런 것도 아니며 전생에 죄를 많이 지어서 그런 것도 아닙니다. 부처님은 모든 고통의 원인이 무지에 있다고 말씀하셨습니다.

　　쥐가 쥐약을 먹고 고통스러워 떼굴떼굴 구르는 것은 전생에 죄를 많이 지어 그 벌로 쥐약을 먹은 것도, 사주팔자가 이 시점에서 쥐약을 먹도록 되어 있는 것도, 하느님을 믿지 않은 벌을 받아

쥐약을 먹게 된 것도 아닙니다. 단지 그것이 쥐약인 줄 모르고 먹은 것이지요. 맛있는 음식인 줄 알았지 사실은 거기에 쥐약이 들어 있는 걸 몰랐던 겁니다.

사람들이 인생살이에서 나쁜 짓을 하는 것도 인간이 본래 나빠서 그런 게 아니에요. 뭘 몰라서 그렇습니다. 그런 행위를 하면 자기에게 큰 손실이 오는데 그걸 모르고 나쁜 짓을 하는 것이지요.

아이들이 노는 데 빠져서 공부를 안 하는 것도 그 아이가 알지 못해서 그러는 겁니다. 지금 놀면 뒷날 어떤 손실이 오고, 지금 공부를 하면 나중에 어떤 이익이 오는지를 알지 못하는 것이지요. 농사를 모르는 사람을 밭에 데려가서 잡초를 뽑으라고 하면 곡식을 다 뽑아버려요. 어떤 게 곡식인지 어떤 게 잡초인지 몰라서 그러는 겁니다.

그렇다면 몰라서 하는 행동은 괜찮은 것인가? 아니지요. 몰라서 했을지라도 손실은 따릅니다. 알고 했건 모르고 했건 마찬가지이며 그래서 고통이 따릅니다.

이렇듯 모든 고통의 원인은 무지, 무명無明에 있습니다. 알지 못함에 있습니다. 그래서 불교에서는 사람을 좋은 사람, 나쁜 사람으로 나누지 않고 어리석은 사람, 지혜로운 사람으로 나눕니다. 그러니 세상 모든 고통에서 벗어나려면 어리석음에서 벗어나야 합니다. 무지에서 깨어나야 합니다. 그래서 깨달음이란 말을 쓰는 겁니다.

어리석은 사람은 마치 깜깜한 밤에 아무것도 안 보이는 사람과 같습니다. 아무것도 안 보이면 실수를 많이 하게 됩니다. 지나가다 남의 발도 밟고 구렁텅이에 빠지기도 하지요. 무지의 비유가 암흑입니다. 무지가 어두움이라면 무지에서 깨어나는 것은 깜깜한 밤에 불을 탁 켜는 것과 같습니다. 밤에 아무것도 안 보이다가도 불을 탁 켜면 일시에 환해집니다. 훤하게 다 보이면 남의 발을 밟지도 않고 구렁텅이에 빠지지도 않습니다.

이렇듯 어둠은 무지를 말하고 그 어둠을 밝히는 등불은 지혜를 말합니다. 그래서 어둠을 밝힌다는 말은 깨달음을 얻는다, 어리석음을 깨친다, 무지에서 벗어난다는 뜻입니다.

모든 고통에서 벗어나려면, 모든 속박에서 벗어나려면, 참자유를 얻으려면 무지에서 벗어나야 합니다. 깜깜한 밤에 불을 켜야합니다. 그래서 부처님 오신 날에 등불을 켜는 것입니다.

이 작은 등불의 공덕으로

부처님 오신 날이 되면 사찰은 물론, 거리 곳곳에 연등을 달고 부처님의 탄생을 축하합니다. 이렇게 연등을 켜게 된 유래가 되는 이야기가 경전에 있습니다.

부처님이 코살라국의 사위성에 계실 때 일입니다. 프라세나짓 왕은 부처님과 부처님의 제자들이 안거에 드는 석 달 동안 옷과 음식과 침구와 약을 공양했고, 안거가 끝나는 날에는 수천 개의 등불을 켜서 연등회를 베풀었습니다.

사위성에는 성실하지만 몹시 가난한 한 여인이 살고 있었습니다. 연등회가 있던 날, 여인은 문득 "왕은 이렇게 큰 복을 지으니 내생에도 큰 복을 받겠구나. 나는 이생에도 박복해 복을 지을 수 없으니 내생에도 박복하겠지. 나도 등불을 하나 켜서 부처님께 공양을 올리고 싶다."

여인은 그날 남의 집에 가서 일을 해주고 받은 동전 두 닢으로 기름을 샀습니다. 기름집 주인이 기름을 무엇에 쓰느냐고 묻자 여인이 대답하였습니다.

"이 세상에서 부처님을 뵙기란 참으로 어려운 일입니다. 이제 부처님을 뵙게 되니 얼마나 다행한 일입니까. 나는 가난해서 부처님께 공양할 것이 아무것도 없으니 작은 등불이라도 공양할까 합니다."

여인은 작은 등불을 가지고 부처님 처소로 갔습니다. 부처님 처소 주변에는 이미 수많은 등불이 휘황찬란하게 빛나고 있었습니다. 여인은 구석진 곳에 등불을 걸어놓고 기도했습니다.

"보잘것없는 등불이지만 이 공덕으로 다음 생에는 나도 부처가 되겠습니다."

밤이 깊어가자 휘황찬란한 등불들이 하나 둘씩 꺼져갔습니다. 그런데 워낙 보잘것없어 잘 보이지도 않던 여인의 작은 등불만은 꺼지지 않고 밝게 빛나고 있었습니다.

아난다 존자는 등불이 모두 꺼지기 전에는 부처님이 주무시지 않을 것이므로 여인의 등불을 끄려 했지만 이상하게도 그 등불은 아무리 해도 꺼지지 않는 것이었습니다. 이 모습을 본 부처님이 아난다에게 말씀하셨습니다.

"부질없이 애쓰지 마라. 그것은 비록 작은 등불이지만 마음 착한 여인의 넓고 큰 서원과 정성으로 켜진 것이기에 꺼지지 않을 것이니라. 그 여인은 그 등불의 공덕으로 오는 생에는 반드시 부처가 될 것이다."

보잘것없는 등불 하나를 공양한 가난한 여인이 다음 생애 부처를 이룰 것이라고 하신 부처님의 말씀을 전해들은 왕은 급히 부처님께 와서 여쭈었습니다.

"부처님, 그 여인은 작은 등불 하나를 켠 공덕으로 부처가 될 것이라고 하셨다는데, 저는 석 달 동안이나 부처님과 스님들께 보시하고 수천 개의 등불을 켰습니다. 저에게도 미래에 부처가 되리라는 수기를 주십시오."

그러자 부처님은 말씀하셨습니다.

"대왕이여, 불도란 쉽고도 어려운 것입니다. 그것은 하나의 보시로도 백천을 얻을 수 있지만, 백천의 보시로도 하나를 얻지 못하기도 합니다. 불도를 얻기 위해서는 백성을 위해 부디 선정을 베푸십시오. 많은 사람에게 보시하고 선행을 쌓으며 스스로 겸손해 남을 존경해야 합니다. 하지만 절대로 자신이 쌓은 공덕을 내세우거나 자랑해서는 안 됩니다. 이와 같이 오랜 세월을 닦으면 훗날 언젠가는 부처가 될 것입니다."

왕은 부처님을 위해 연등회를 연 것을 자신의 공덕이라 생각했습니다. 그러나 그것은 결코 왕의 공덕이 아니었습니다. 왕이 쌓은 공덕은 그 가난한 여인이 쌓은 공덕보다 작습니다. 왕이 올린 음식과 등불은 모두 백성들의 노력이며 백성들의 공덕인 것입니다.

가난한 여인은 비록 동전 두 닢 어치의 등불을 올린 것에 불과하지만, 그 여인에게 동전 두 닢이란 밥을 굶으면서 올린 전 재산이었습니다. 더구나 그 여인은 등불을 밝히며 다음 생에 복을 달라고 빈 것이 아니라, 부처가 되겠다는 서원을 한 것입니다. 이와 같은 가난한 여인의 서원을 본받아 우리도 부처님 오신 날에

'나도 부처가 되리라'는 큰 서원을 다짐하며 등불을 밝혀야 합니다.

등불은 어두울수록 빛이 납니다. 밝을 때에는 밝혀봐야 표도 안 납니다. 마찬가지로 세상이 혼탁하고 어지러울수록 보살은 빛이 납니다. 그런데도 사람들은 세상이 이렇게 혼탁하고 어지러운데 나 혼자 잘하면 뭐하나 하고 말합니다. 그렇지 않습니다. 세상이 어지럽고 혼탁할수록 바르게 살아가는 사람은 더 빛이 나게 됩니다.

연등을 밝히는 보살은 진흙 속에서 피어나는 연꽃과 같습니다. 그러니 자꾸 세상 탓 하지 말고, 세상이 혼탁할수록 더욱 귀한 존재가 되십시오. 세상이 어둡다고 말하지 마세요. 내가 등불이 되겠다고 마음먹으면 세상이 어두울수록 나의 등불은 더욱 더 빛이 납니다.

혼란에서 희망으로

나는 지금 행복한가? 이에 대해서 우리들은 자기점검을 해 볼 필요가 있습니다. 나이가 든다고, 시간이 흐른다고, 장소를 옮긴다고 저절로 행복해지는 것은 아니지요. 시간과 장소를 떠나서 내가 어떤 마음을 갖느냐에 따라 행복의 여부가 달려 있습니다.

요즘 세계 곳곳에서는 예부터 지금까지 현대 사회를 유지시켰던 기본 질서에 해당하는 가치관, 윤리, 도덕, 법률 등으로 해결할 수 없는 많은 일들이 일어나고 있습니다. 세계는 지금 격변 속에 요동치는 파도와 같습니다. 이런 시대를 우리는 불확실성의 시대,

불안정의 시대, 변화의 시대라 부릅니다.

석가모니 부처님이 태어나고 자랐던 2600년 전의 사회도 그러했습니다. 당시는 전통 바라문 사회가 붕괴되는 격동기였습니다. 천여 년 간 지속되어온 전통사회는 브라만교라는 전통종교의 윤리와 도덕, 가치관과 거기에 기반을 둔 신분제도인 카스트 제도, 그리고 가부장제도로 단단히 무장되어 있었으나 그 질서가 무너져가고 있는 상황이었습니다. 그 당시에 살던 사람들은 세상이 어떠한 변화 속에 놓여 있는지 잘 몰랐겠지요. 그러한 당시 사회의 모순은 전통적 가치로 해결할 수 없었습니다.

현실 속에 사는 사람들은 많은 고통을 겪었습니다. 강한 자가 약한 자를 해치고 나라와 나라 사이에는 힘만이 존재하여 전쟁이 끊임없었습니다. 심지어 같은 나라 안에서도 왕위 쟁탈을 위해서는 수십 명씩 죽이고 심지어는 아들이 아버지를 해치고 왕이 되는 일도 다반사로 일어나는, 소위 정글의 법칙이 난무하는 사회였습니다.

지금 현대 사회도 불확실성의 시대, 불안정의 시대, 변화의 시대를 맞고 있습니다. 이제 부처님의 법은 이 시대 사람들에게 새로운 삶의 관점을 제시하여 그들의 희망이 되어야 합니다. 기존의 질서가 무너지고 새로운 질서가 아직 정립되지 않는 혼란의 와중에 한 줄기 빛이 될 수 있는 기회를 우리들이 만들어 나가야 합니다.

소위 물질과 문명의 풍요 속에서도 행복을 느낄 수 없었던 고타마 싯다르타의 삶에 대한 근원적인 문제의식, 그리고 그것을 해결하기 위한 끊임없는 참구로 결국 답을 찾은 붓다의 가르침은, 오늘날 유럽이나 미국에서 문명의 발달에도 불구하고 삶에 대한 고뇌를 하는 사람들에게 새로운 희망이 될 수도 있습니다. 그런데서 단순히 종교로서의 불교가 아니라 담마, 진리로서의 불법이 오히려 미국과 유럽 쪽에서 빠르게 전해지고 있고 새롭게 다가가고 있습니다.

그에 비해서 아시아의 전통 불교 국가들은 낡은 이데올로기, 낡은 종교로서의 불교에 갇혀 있습니다. 똑같이 불교라고는 말하지만 성격이 조금 다릅니다. 그러니 여러분들이 이 불법의 진리를 체득한다면 여러분들은 그 사회에서 가장 앞선 자, 사람들의 고뇌에 답을 주는 자, 선구자가 될 것입니다.

부처님 오신 날은 곧 내가 태어난 날

여러분에게 중요한 것은 불법의 진리를 체득하는 것입니다. 그래서 이 법이 정말 어두운 밤에 한 줄기 빛 같은 그런 법임을 자각하고 이해하고 경험한다면 여러분은 혼자 있어도 외롭지 않습니다. 다른 종교에 위축되지도 않습니다. 종교가 뭐든 이 법 앞에서는 중요한 게 아니지요.

그러니 부처님 오신 날을 기해서 여러분이 불법의 의미, 불법의 위대함, 불법의 소중함, 이것을 자각했으면 합니다. 그게 자각이 되어야 우선 여러분의 숙여진 고개가 들리고 구부러진 허리가 펴지고 감았던 눈이 떠지고 막혔던 귀가 열리게 됩니다. 여자라서, 대학을 못 나와서, 신체장애가 있어서, 돈이 없어서, 혼자 살아서, 피부 빛깔이 달라서 등의 문제는 아무런 장애가 안 됩니다. 그렇게 될 때 '하늘 위 하늘 아래 나 홀로 존귀하다'는 말대로 됩니다. 그게 부처님이 이 세상에 오신 참 뜻입니다. 이 좋은 법을 두고도 눈 감고 귀 막고 도무지 알지 못해서 돈 · 권력 · 인기 · 미모에 기죽어 산다면 도무지 불자라고 할 수가 없습니다.

초파일이라 연등을 달고 봉축 행사하는 것은 축하하는 문화 행사에 불과합니다. 이것은 부처님 탄생을 기념하기 위해서 하는 것이지만 탄생의 본래 의미는 그것이 아닙니다. 여러분 스스로가 눈이 번쩍 뜨이고 귀가 열리고 말문이 틔고 허리가 펴져야 하는 것입니다. 그것이 부처님 오신 날이 우리에게 주는 의미입니다.

그래서 여러분 모두가 붓다 같은 존재가 되어서 오늘이 석가모니 부처님만의 생일이 아니라 여러분 모두의 생일이 되기를 바랍니다. 그래서 여러분의 생일을 축하드립니다. 그래야 부처님 오심을 참으로 맞이한다고 할 수 있습니다.

돌아갈 집을
불살라 버려라

출가일

음력 2월 8일.
속박과 굴레로부터 벗어나는 삶을 위하여
출가하신 붓다의 뜻을 살펴봅니다.

집, 보금자리

음력으로 2월 8일은 부처님이 출가하신 출가일입니다. 우리는 부처님의 출가를 '위대한 출가'라고 합니다. 고타마 싯다르타가 왕위를 버리고 출가를 하였기에 비로소 부처가 될 수 있는 길이 열렸습니다. 그러니 부처가 되는 출발점이 바로 출가이지요.

그런데 사람들은 위대한 출가의 의미를 모르기에 누구네 집 아들딸이 출가했다는 소리를 들으면, 왜 출가했지? 연애하다 실연당했나? 시험에 떨어졌나? 이혼했나? 사업하다가 실패했나? 하고 궁금해 합니다. 뭔가 인생살이에서 큰 충격을 받아 절망한 나머지 세속을 등지고 출가해 버렸다고 흔히들 생각합니다. 스님들한테도 "스님, 왜 출가했어요?" 하고 묻습니다. 뭔가 충격적인 사건이 있지 않았느냐는 궁금증을 가지고 질문하는 것이겠지요.

또 가끔은 "아이고, 그냥 출가나 해서 스님이나 될까 보다" 하는데 그럴 때가 주로 언제인가요?

인생을 살면서 너무 힘이 들어 지쳤다든지, 삶에 의미가 없다든지, 인간관계에서 갈등이 심하다든지, 인생살이 짐이 너무 무겁다고 느껴질 때입니다. 인생살이가 어떻습니까. 결혼이라고 했더니 이게 감옥처럼 느껴집니다. 자식도 감옥이에요. 집이라고 사놓으니 이것도 감옥이에요. 직장 생활도 감옥이에요. 그럴 때면 모든 굴레에서 벗어나 출가해 버리고 싶은 마음이 굴뚝같습니다. 모든 걸 다 던져버리고 출가하고 싶다는 생각이 듭니다. 바랑 하나 둘러메고 정처 없이 아무데도 집착하지 않고 떠도는 나그네가 되고 싶기도 하고, 가을바람에 휘날리는 낙엽처럼, 허공을 나는 새처럼 아무 걸림 없이 가고 싶은 대로 가고, 오고 싶은 대로 오고 싶어집니다.

출가는 집을 나간다는 뜻입니다. 집은 어떤 의미인가요? 사람들은 하루 일과가 끝나면 집으로 돌아갑니다. 밤이 되어 어두워지면 집으로 돌아가요. 고단하면 집으로 돌아가지요. 집은 이렇게 보금자리예요. 나를 보호해 주는 곳, 따뜻한 곳, 안온한 곳, 편안한 곳, 이게 집의 의미입니다. 그래서 누구나 다 집을 그리워해요. 집은 비를 막아주고 바람을 막아주고 추위도 막아주고 더위도 막아주고 외부로부터 오는 위험이나 적으로부터 나를 보호해 주는 곳입니다.

또 이런 물질적인 기능만이 집은 아니지요. 나 혼자 덩그러니 있으면 집은 따뜻하고 편안한 곳이 아니라 외로운 곳이지요. 허허벌판에 앉아 있는 것과 같습니다. 집에는 내가 좋아하는 아내가 있어야 하고 남편이 있어야 하고 연인이 있어야 하고 부모가 있어야 하고 자식이 있어야 합니다. 일정한 재산도 있어야 합니다. 이렇게 필요한 모든 걸 다 갖춘 곳이 집입니다.

집, 또 하나의 굴레

집이 늘 따뜻한 보금자리일까요. 그렇지 않습니다.

집은 온갖 속박의 굴레입니다. 부모의 속박, 자식의 속박, 아내나 남편의 속박, 윤리·도덕·관습·습관의 속박 등으로 나를 옭아매는 굴레입니다. 그래서 사람들은 집이라는 속박으로부터 벗어나고 싶어 합니다. 남편과 아내라는 굴레에서 벗어나고 싶어 하고, 부모라는 굴레에서 벗어나고 싶어 하며, 자식이라는 굴레에서 벗어나고 싶어 합니다. 더 넓게는 윤리·도덕·관습들로 구성된 공동체인 사회라는 굴레에서 벗어나고 싶고, 민족과 나라라는 굴레에서도 벗어나고 싶어 합니다.

그런데 그렇게 자신을 구속하고 속박하는 감옥과 같은 집이 싫어서 뛰쳐나가지만 시간이 조금만 지나면 다시 편안한 보금자리를 그리워합니다. 집에 있을 때에는 속박이 문제고 집을 나가면 보금자리가 그리워지고, 보금자리를 찾아 들어오면 또 속박이 문제입니다. 이렇게 집을 나갔다 들어왔다 나갔다 들어왔다 반복합니다.

외로워서 애인을 만났는데 같이 지내보면 이래라저래라 간섭해서 귀찮아져요. 그래서 헤어지면 또 외로워집니다. 그럼 또 사람을 찾았다가 귀찮아지면 또다시 헤어집니다. 다람쥐 쳇바퀴 돌 듯 이런 삶을 되풀이합니다.

그렇다면 어떻게 굴레로부터 벗어날 수 있을까요. 출가는 집으로부터 나간다, 굴레로부터 벗어난다는 말이지요. 그런데 벗어났다가 외로워서 다시 또 집으로 들어온다면 그건 '출가'가 아니라 '가출'입니다. 쉽게 말해서 이 집이 싫어서 저 집으로 이사를 가는 것일 뿐이지요. 출가는 집이 굴레라고 인식하고 집 자체를 불살라버리는 것입니다. 더 이상 다시는 집을 찾지 않는 거지요.

사람들이 흔히 말하는, '나도 출가하고 싶다' 하는 건 출가를 원하는 게 아니라 가출하고 싶다는 말입니다. 그렇게 가출하니 망설여질 수밖에요. 집은 보금자리이자 굴레이니 굴레에서 벗어나는 건 좋은데 보금자리를 떠나는 게 문제고, 그냥 있으려니 보금자리는 좋은데 굴레가 문제고 그래서 늘 그 사이를 왔다 갔다 하며 망설이고 후회하는 겁니다.

출가에는 망설임이 있을 수 없습니다. 출가는 집이 보금자리인 동시에 굴레라는 통찰력으로 굴레에서 벗어나기 위해서 보금자리마저 불살라 버리는 것입니다. 그러니 집을 나갈 때 미련이 없고, 나가서 외로움이 없고, 다시 새로운 집을 찾는 법도 없습니다. 이럴 때야말로 비로소 출가입니다.

나갈 때 망설임이 있고 나가서 외롭고 그래서 다시 보금자리를 찾기 위해 두리번거리면 비록 스님이 되었다 해도 출가가 아니라 가출입니다. 가출한 사람은 늦기 전에 집으로 돌아가야 합니다. 가출이 길어지면 여러 가지 문제를 일으키고 사고를 일으키게 되니까요.

그러므로 가출해서는 성불할 수 없습니다. 성불을 하려면 출가를 해야 합니다. 출가를 할 때에는 내가 살고 있는 이 집이 굴레구나 하는 인식을 확실히 해야 합니다. 이게 보금자리구나 하는 생각은 털끝만큼도 없어야 합니다. 그러니 망설임이 전혀 없고, 나무 밑이나 동굴에서 혼자 1년을 보내든 10년을 보내든 외롭지 않습니다. 그런 위대한 출가를 해야 해탈할 수 있고 성불할 수 있습니다.

의지처를 버리고

　사람들은 무엇인가에 의지하여 삽니다. 돈에 의지합니다. 명예에 의지합니다. 권력에 의지합니다. 신에게 의지합니다. 남편과 아내에게, 부모와 자식에게 의지합니다. 나를 보호해주는 무엇인가 의지할 데가 있어야 합니다.

　그런데 바로 그런 의지처야말로 모든 속박과 굴레의 근원이라는 걸 꿰뚫어보아야 합니다. 이런 모든 의지하는 마음을 버려야 내가 주인이 될 수 있습니다. 뭔가에 의지한다는 것은 그것이 무엇이든 간에 내가 거기에 속박을 받는다는 것입니다. 쉽게 얘기하면 내가 그것의 종이라는 말입니다.

이것이 불교가 다른 종교와 크게 다른 점입니다. 하느님에게 의지한다면 나는 하느님의 종입니다. 그래서 기독교는 하느님의 충실한 종이 되는 게 목표입니다. 하지만 불교의 목표는 부처님의 종이 되는 게 아니라 내가 부처가 되는 것입니다. 그래서 바로 내가 괴로워하는 일체중생의 의지처가 되어주는 겁니다.

우리 마음속에 외로움이 있거나 두려움이 있거나 공포가 있다면 그건 다 중생심입니다. 이런 것이 다 사라져버린 상태, 그래서 그 어떤 것에도 의지하지 않는 상태, 이것이 완전한 자유, 해탈입니다. 그런 경지에 이르러야 비로소 모든 괴로움에서 벗어날 수 있습니다. 이것을 열반이라고 합니다. 이 해탈·열반의 경지에 이른 자를 붓다라고 하지요. 이 경지에서는 죽음에 대한 두려움도 없습니다.

그러나 어지간히 공부해서는 죽음에 대한 두려움에서 벗어날 수 없습니다. 설령 돈에 대한 집착과 명예에 대한 집착을 버렸다 해도 죽음이라는 경계에 부딪치면 누구나 두려움이 생깁니다. 지위에 의지하는 마음도 놓아 버리고 가족에 대한 집착도 놓아 버려서 옛날보다는 훨씬 더 자유로워졌다 해도 아직 몸에 대한 집착까지는 버리지 못한 것이지요. 그래서 죽음의 경계에 부딪치면 누군가에게 빌고 싶고 구원을 요청하고 싶어집니다.

그것이 설령 몸이라 해도 무언가에 의지하고 있다는 것은 아직은 중생이라는 것입니다. 하지만 다른 사람에 비해서 의지하는 마음을 많이 버렸고, 그 마음을 완전히 버리는 걸 목표로 해서 나아가면 그 사람은 보살입니다. 보살은 부처와 비교하면 아직 중생이지만 범부 중생과 비교하면 이미 부처의 길로 들어선 사람입니다.

그래서 부처님 역시 왕위를 버리고 출가를 한 시점부터 보살이라고 부릅니다. 고타마 싯다르타가 아무리 세상에 대해 많이 알고 수행을 많이 해도 출가하기 전에는 보살이라고 부르지는 않습니다. 싯다르타가 출가하자 비로소 보살이라 부르기 시작한 겁니다.

집을 불사르고

　　부처님은 출가 후 누구의 도움도 받지 않고 스스로 도를 구했습니다. 출가는 했지만 그를 인도해 주고 길을 알려주며 방향을 제시해 줄 사람은 아무도 없었습니다.

　　하지만 우리는 앞서가신 부처님이 계시므로 비록 아직 가족에 대한 집착을 버리지 못하고, 재물과 명예와 지위에 대한 집착을 버리지 못했다 해도 적어도 무엇이 참된 행복을 가져오는 길인지는 압니다. 재산·출세·명예·건강·자식, 그 어떠한 것도 완전한 행복으로 가는 길이 아니라는 것을 안다는 것입니다. 그런 것들이 오히려 괴로움과 번뇌와 속박의 원인이 된다는 것을 압니다. 내가 비록 이런 집착들을 버리지는 못했어도 이것들은 버려야 할 대상이지 얻어야 할 목표가 되어서는 안 된다는 것을 아는 것이지요.

부처님 당시 마가다국의 빔비사라 왕은 인도에서 가장 큰 나라의 왕이었습니다. 제일 좋은 집에서 살며 제일 좋은 옷을 입고 제일 맛있는 음식을 먹고 천하의 아름다운 여인들을 부인으로 두었으며 자식도 많이 있었는데 번뇌와 두려움이 끊이지 않았습니다. 그런데 빔비사라 왕은 이 세상에서 가장 가진 것 없는 부처님을 찾아가 자신의 괴로움을 하소연하고 도움을 요청했습니다. 그런 것들은 아무리 많아도 행복의 요소가 아니라는 것이지요. 하지만 대부분의 사람들은 큰 집에 좋은 차에 좋은 옷 입고 맛있는 음식 먹고 아름다운 사람과 살면 행복하다고 생각합니다. 그래서 '나는 집은 있는데 여자가', '여자는 있는데 돈이', '돈은 있는데 지위가', '지위는 있는데 명예가', '명예는 있는데 자식이', '다 있는데 건강이' … 이렇게 뭔가가 늘 부족해서 행복하지 못하다고 생각합니다. 하지만 설령 그런 것들이 다 갖춰져도 결코 행복해지지 않을 것입니다. 더 좋은 것이 더 많이 있기를 바랄 테니 말입니다.

그런 모든 것들을 탁 던져버리는 것이 출가의 출발점입니다. 그때에야 비로소 해탈로 가는 출발선상에 서는 것이지요. 그 전에는 출발점에도 못 온 겁니다. 아직 윤회의 세계에서, 욕망의 세계에서 뱅뱅 돌고 있는 것이지요.

출가는 이것이 괴로움의 원인이구나, 이것이 모든 속박의 원인이구나, 안온한 집이 곧 굴레구나 하는 걸 꿰뚫어 알고 거기에 대한 미련을 싹 끊어버리는 겁니다. 그럴 때 '집을 불살라 버린다'라고 말하는 것이지요.

틱낫한 스님이 쓰신 글에 이런 게 있어요.

어떤 사람이 베트남 전쟁 중에 가족을 다 잃고 재산도 다 날리는 큰 고통을 겪고 세상에 대한 미련이 딱 끊어졌어요. 정말 세상이라 그러면 거들떠보기도 싫어서 절로 들어왔지요. 절에 들어온 그는 몇 달을 혼자 애써서 방 한 칸짜리 오두막을 지어놓고 거기에 들어앉아 수행 정진했습니다. 그는 그런 삶이 만족스러웠답니다. 비록 사랑하는 가족도 높은 지위도 많은 재물도 다 잃은 처지

였지만 행복했지요.

그러던 어느 날 그 분이 스님께 말하더랍니다.

"스님, 저는 모든 미련을 다 버렸습니다. 저는 이 방 한 칸 이
거 하나로도 충분히 만족합니다."

어느 날, 스님은 그 남자가 산책을 나간 틈에 그 집에다 불을
질러버렸답니다. 그 남자는 한 칸짜리 작은 오두막에 의지하고 집
착하고 있었던 것이지요. 그건 출가가 아니에요.

출가한 스님들도 보면 뭔가가 외롭고 불안하고 허전해서 시골
에 버려진 집이라도 하나 구해 내 집이라도 있어야 하고, 돈이라
도 모아 노후 대책이라도 세우든지 해야 안심이 되는 경우가 있어
요. 바랑 하나만 덜렁 매고 내 방 네 방도 없이 떠돌며 사는 떠돌
이 생활이 불안하거든요. 선방에 가서 정진을 하고도 끝나면 내
방이라고 들어가서 짐 풀고 앉을 데가 있어야 된다는 분위기예요.
이건 아직 가출의 상태를 벗어나지 못한 거예요. 그러니 출가는
보이는 형식이 아니라 마음의 상태입니다. 세속에 사느냐 절에 사
느냐가 중요한 게 아닙니다. 스님이 되느냐 아니냐가 핵심이 아닙
니다.

비록 결혼해서 직장 생활을 하고 부모나 자식과 같이 살아도 도무지 가족을 귀찮아하지 않고, 남편이 돈을 벌든 안 벌든 도무지 그게 나한테 문제가 되지 않고, 자식이 시험에 떨어지든 합격하든 그것이 내 삶을 좌지우지하지 못하고, 같이 살 때 함께 행복하고 헤어져도 슬프지 않고, 이렇게 그 어떤 것도 내 삶을 흔들어 놓지 못할 때, 그럴 때 비로소 출가했다 할 수 있습니다.

위대한 출가의 마음

      부처님은 지금 나를 보호한다고 하는 이 집이 굴레임을 이렇게 철저하게 인식하셨습니다. 그래서 오히려 집 없는 사람에게 집이 되어주고, 굶주리는 사람에게 밥이 되어주고, 아픈 사람에게 약이 되어주고, 의지할 데 없는 사람에게 의지처가 되어주겠노라고 원을 세우셨지요. 이것은 세상살이에 낙담해 도망치는 것과는 완전히 다른 길입니다.

      이처럼 나 하나 못 살아서 전전긍긍하는 삶이 아니라 내가 남편과 부인의 의지처가 되어주고 부모와 자식의 의지처가 되어주어야 합니다. 자식이 시험 성적을 나쁘게 받아오면 품에 안아주고 위로

해 주어야 합니다.

그런데 실제는 어떤가요. 자식이 부모 품에서 낙담한 마음을 위로받는 게 아니라 오히려 부모가 자식에게 성적을 가지고 짐을 지우고 있지요. 밖에 나가 어떤 힘든 일을 겪어도 가족에게 위로받지 못하고 야단 맞을까봐 오히려 숨기기까지 합니다. 이 얼마나 큰 불행입니까. 이게 무슨 사랑입니까. 이게 모두 스스로 불자라고 하면서도 제대로 출가하지 않아서 그렇습니다. 부처님처럼 세상의 의지처가 되어야겠다는 출가의 마음을 내지 않아서 그렇습니다.

불법을 이해하려면 기본적으로 출가에 마음이 있어야 합니다. 그래야 이 법음이 귀에 들어옵니다. 출가에 대한 마음 없이 불법을 안다는 건 공염불에 불과합니다. 안다고 해도 아는 게 아니에요. 그냥 지식에 불과한 것이지요. 집을 불태워 버려야 합니다. 즉 어디에도 의지하지 않는 그런 의식의 전환이 있어야 합니다. 그럴 때 그것이 진정한 출가고 위대한 출가입니다. 이런 출가를 해야만 불법에 따라 제대로 공부를 할 수 있습니다.

내가 지금 출가를 했는지 안 했는지는 금방 점검할 수 있습니다. 내가 가족에게 얼마나 영향을 받느냐, 돈에 얼마나 전전긍긍하느냐, 명예에 얼마나 영향을 받느냐, 경계에 부딪쳤을 때 얼마나 자유로운가, 이것이 출가에 대한 나의 상태 점검입니다. 그것을 기준으로 해서 내가 지금 출가 수행자의 길을 제대로 가고 있는지, 내가 지금 법에 의지해서 올바로 정진하고 있는지 점검할 수 있습니다.

부처님은 누가 인도해 주는 사람도 없고 지도해 주는 사람도 없고 안내해 주는 사람도 없다 보니 이 세상을 버리고 6년 동안 갖가지 고행 끝에 마침내 이 법을 발견하셨습니다. 그래서 어떻게 하면 자유로워지고 행복해지는지 우리에게 가르쳐주셨습니다. 세상살이 경계로부터 내가 자유로워지고 집착에서 벗어나는 것이 해탈로 나가는 길이라는 걸 알려주셨습니다.

그래서 이제 우리는 있는 재산 다 버리지 않고도, 머리 깎고 절에 들어가 살지 않아도 이 길을 갈 수 있다는 것을 압니다. 그러나 마음만은 그 어떤 집으로부터도 철저히 벗어나야 합니다. 그래야 몸은 저잣거리에 있어도 마음은 출가한 그런 수행자가 될 수

있습니다. 부처님의 가르침에 따라 모든 의지처를 버리고 해탈 열
반을 목적으로 삼는 사람만이 참다운 출가 수행자이며 참다운 불
자입니다.

길을 열어
함께 가다

성도일

부처님이 깨달으신 날.
인간이 참으로 자유롭고 행복하게 살 수 있는 길을 연 날.
음력 12월 8일.

2600년 전의 깨달음

     음력 12월 8일은 부처님이 성도하신 날입니다. 지금으로부터 2600여 년 전의 일인데, 그때 인류 문명은 원시에서 크게 벗어나지 못한 상태였습니다. 세상에 대해 무지했던 시대라고 볼 수 있겠지요.

     일식으로 해가 가려져도 천신의 노여움이라고 생각했고, 지진이나 홍수가 나도 지신의 노여움, 용왕의 노여움이라고 생각했습니다. 신분 차별도 심해서 지위가 높은 사람은 신성시되었고 노예는 짐승보다도 못한 대접을 받았습니다. 또한 여자 역시 인간으로서의 정당한 권리를 인정받지 못하는 시대였습니다.

그런 시대에 부처님은 깨달음을 얻어 자연의 법칙과 사회현상과 사람의 마음속에서 일어나는 갖가지 문제의 본질을 꿰뚫고 작용 원리를 터득해 우리가 자유롭고 행복하게 사는 길을 제시하셨습니다. 아무리 훌륭한 학설이나 논리도 10년, 20년이 지나면 오류가 발견되고, 진리라 믿었던 것도 100년, 200년만 지나면 어리석은 소견으로 평가되기 쉬운데, 2600년 전 부처님이 하신 말씀은 오늘의 시점에서 바라봐도 틀림이 없습니다. 부처님은 어떻게 이런 것까지 다 알 수 있었을까 참으로 불가사의하다는 생각이 들 때가 많습니다.

인도의 부처님 성지에 가보면 룸비니보다는 부다가야로 더 많은 사람이 순례를 합니다. 부다가야는 부처님이 성도하신, 깨달음을 얻으신 곳이기 때문입니다. 불교에서 수행을 중심으로 할 때에는 깨달음을 중요시하지 세상에 태어난 것이 중요한 게 아니니까요.

그런데 대승 불교에서는 부처님은 본래부터 부처였으므로 이 세상에 태어나신 것이 중요합니다. 왜냐하면 부처의 몸으로 이 세상에 나투셨다는 게 중요하지요. 그래서 우리나라는 부처님 오신 날을 중요하게 여긴다면 남방불교에서는 부처님이 깨달음을 이루신 성도일을 더 중요하게 여깁니다. 부처님은 법의 실상을 확연히 깨달으신 분입니다. 그래서 사람들은 부처님을 존경하고 나아가서는 추종하는 마음까지 생기게 되어 그 때문에 부처님을 신격화하기도 했습니다.

부처님은 우리와 같은 사람으로 태어나 혼신의 노력 끝에 해탈의 경지를 얻어 다른 사람을 위해 그 길을 열어주신 분입니다. 그런 부처님을 신적인 존재로만 받들면 오히려 부처님이 하신 말씀을 거스르게 됩니다. 부처님이 부정했던 것들을 부처님의 이름으로 행하는 그런 우를 범하게 되는 겁니다.

현대 인류는 세상에서 일어나는 갖가지 현상에 대한 원리를 하나하나 발견해 나가는 시대에 있습니다. 지구 현상뿐 아니라 우주에 대한 현상 또한 하나하나 밝혀지고 있습니다. 생명의 원리역시 유전학의 발달로 마치 건축 설계도를 보듯이 알 수 있게 되었지요. 하지만 이렇게 바깥 세계에 대해서는 잘 알게 된 지금에도 사람들은 자기 마음작용에 대해서는 여전히 잘 알지 못합니다.

그래서 화내고 짜증내고 미워하고 슬퍼하고 초조해하고 불안해하고 두려워하고 외로워하고 괴로워하는 삶을 살아갑니다. 남은 고사하고 부모자식 부부 사이에도 뜻을 맞추지 못하고 화합하지 못하고 서로 미워하고 원망합니다.

부처님께서 우리가 자유롭고 행복하게 살 수 있는 길을 열어주셨는데도 사람들은 아직도 그 법을 모르고 괴로움 속에서 살아갑니다. 부처님은 모든 괴로움의 원인을 분명히 알아내고 그 모든 괴로움이 소멸에 이르는 길을 확실히 알려주셨습니다. 그 길을 따라가면 모든 사람이 자유와 행복을 누릴 수 있도록 방향을 제시해 주셨습니다.

그렇기에 부처님의 깨달음은 우주가 한 번 생기는 것보다도 더 희귀한 일이라고 했습니다. 이런 부처님 법을 만나기란 3천년마다 한 번 핀다는 우담바라 꽃을 보는 것보다도 더 어렵다고도 비유합니다. 바다 속에 살던 눈 먼 거북이가 천년 만에 한 번 물 위로 올라와 바다 위에 떠 있는 판자 위로 올라갈 만큼 부처님의 출현이 어렵다는 비유도 있습니다.

완전한 자유, 완전한 행복

사람이 살아가면서 겪는 모든 고통과 괴로움이 다 사라져버린 상태를 니르바나Nirvana라고 합니다. 니르바나는 산스크리트어이고 우리말로는 열반이라고 하지요.

인생을 살아가다 보면 온갖 속박에 얽매이지요. 이걸 하려고 하니 저게 문제고 저걸 하려고 하니 이게 문제고, 자식이 문제고, 남편이 문제고, 아내가 문제고, 부모가 문제고, 형제가 문제고, 재산이 문제고, 윤리가 문제고, 도덕이 문제고, 사회가 문제고, 나라가 문제고. 그래서 이러지도 저러지도 못하고 마치 감옥에 갇힌 사람처럼 살아갑니다. 이렇게 온갖 것으로부터 묶여 있는 상태를 속박이라 하지요. '이 속박으로부터 벗어났다, 모든 속박의 끈을 끊어버렸다', 이것을 해탈이라고 합니다. 그래서 부처님은 '성도하여 열반을 증득했다, 또는 해탈을 얻었다'라고 말하지요.

모든 속박에서 벗어났다는 말을 요즘 우리가 쓰는 말로 하면 '완전한 자유'라고 할 수 있습니다. 또 모든 번뇌와 괴로움이 흔적도 없이 사라져버렸다는 것은 '완전한 행복'이라고 말할 수 있겠지요. 완전한 행복은 곧 완전한 자유예요. 자유가 없는 기쁨, 기쁨이 없는 자유, 그건 의미가 없지요. 이렇게 완전한 자유와 완전한 기쁨이 다 이루어진 상태가 해탈 열반입니다. 그래서 부처님이 12월 8일 새벽 샛별을 보고 깨달음을 얻었을 때, 즉 성도하셨을 때를 "부처님은 열반을 증득했다. 해탈을 얻었다"라고 말합니다.

우리도 괴롭다가 기쁠 때가 있고 속박을 받다가 자유로워질 때도 있습니다. 감옥에 갇혔다가 풀려나온다든지 경제적인 문제로 고민하다가 해결이 되었다든지 인간관계 때문에 괴로워하다가 좋아졌다든지 그렇게 속박과 괴로움의 상태에 있다가 벗어나는 경우가 많이 있습니다. 그런데 문제는 괴로움과 속박 속에서 벗어나 자유와 행복을 찾아도 그 자유와 행복이 지속되지 않는다는 거예요. 조금 있으면 또 다른 괴로움과 속박이 나타납니다. 이 문제만 해결하면 될 것 같은데 또 다른 문제가 생겨나지요. 인생을 살면서 이 문제만 해결하면 이제 더 이상 소원이 없을 것 같은데 해결하면 더 큰 문제가 나타납니다.

어릴 때부터 지금까지 살아온 과정을 쭉 한번 살펴보세요. 초등학생 때에는 중고등학생만 되면 행복해질 것 같은데, 중고등학생이 되면 초등학생 때보다 번뇌가 더 많아집니다. 중고등학생 때에는 대학생만 되면 더 이상 부러울 게 없을 거 같은데 대학생이 되면 또 어떻습니까. 취직만 하면, 결혼만 하면 또 이러지요. 결혼 안 한 사람들은 결혼하면 더 행복할 거라고 생각하지만 결혼해서 사는 사람들은 결혼해서 사는 게 더 괴롭다고 아우성입니다. 결혼해서 아이를 낳으면 어떻습니까. 아이가 어릴 때에는 초등학생만 되면 편안해질 것 같습니다. 중학생만 되면, 대학교만 들어가면, 취직만 되면, 결혼만 시키면, 이렇게 끝도 없습니다. 그러다 손자라도 생기면 손자 걱정까지 더해지지요.

이렇게 초등학생 때 소원대로 중고등학생이 되고, 중고등학생 때 소원대로 대학생이 되고, 대학생 때 소원대로 취직하고 결혼도 하고 집도 사고 아이도 생기고 이렇게 나이가 들수록 점점 더 번뇌가 작아지고 행복해져야 하겠는데, 어떤가요? "난 더 이상 바랄 게 없다. 내일 죽어도 여한이 없다." 지금 그런 마음인가요?

그래서 우리가 말하는 이 행복과 자유는 불완전한 거예요. 해결된 것 같은데 사실은 해결이 안 됐습니다. 어쩌면 더 커졌습니다. 이렇게 우리의 인생살이는 다람쥐 쳇바퀴 돌 듯 끝이 나지 않습니다. 그렇게 끝이 나지 않고 돌고 도는 것을 윤회라고 합니다. 우리 삶이 윤회전생輪廻轉生 한다는 겁니다.

이 윤회의 사슬을 끊어버리는 것이 해탈 열반입니다. 자유와 속박이 번갈아가면서 지속되는 자유가 아니라 다시는 속박이 생기지 않는 자유, 괴로움과 즐거움이 연달아가면서 일어나는 행복이 아닌 다시는 괴로움이 생기지 않는 행복, 이것을 해탈 열반이라 하고 그냥 열반이라고도 합니다.

고苦와 낙樂은 하나의 뿌리에서

부처님은 성도를 하신 뒤에 사성제四聖諦를 말씀하셨습니다. 사성제란 영원히 변하지 않는 네 가지 성스러운 진리로 고제苦諦, 집제集諦, 멸제滅諦, 도제道諦, 즉 고집멸도를 말하지요.

인생은 괴로움이다 할 때 괴로움은 고락을 통칭해서 하는 말입니다. 인생은 고락의 수레바퀴라는 말이에요. 부처님이 꿰뚫어 보신 진실은 낙이라는 것이 사실은 고라는 것입니다. 물고기가 낚싯밥을 덥석 물고 기뻐했는데, 사실은 그게 고라는 것이지요. 쥐가 쥐약이 든 음식을 보고 기뻐서 먹었는데 사실 그 기쁨은 알고 보면 고라는 말입니다.

부처님이 성도하기 직전에 깊은 명상에 들었는데 마왕이 세 딸을 보내 부처님을 유혹하게 했습니다. 마왕의 세 딸은 갖가지 교태를 부리며 부처님을 유혹하며 이렇게 말했습니다.

"꽃피고 새 우는 아름다운 봄날에 나무도 풀도 한창이어라. 청춘은 두 번 다시 돌아오지 않는 것, 젊었을 때 모든 욕락을 즐겨야 하리. 우리의 고운 얼굴과 아름다운 몸매를 보소서. 몸이 늙기 전에 쾌락을 받는 것이 어떠리. 열반의 길은 멀고도 먼 것, 또한 깨달음을 얻은들 무엇하리. 자, 우리와 어울려 열락을 누립시다."

그러자 부처님은 조용히 그러나 단호하게 말했습니다.

"칼날에 발린 꿀은 혀를 상하게 하고, 오욕은 뱀의 머리와 같고, 쾌락을 즐김은 불구덩이에 들어감과 같다. 나는 이제 모든 욕락을 버려 공중의 바람처럼 자유로우니, 너희는 결코 욕락으로 나를 묶어두지 못하리라. 너희의 육체는 비록 아름다우나 마음이 요사스럽고 추악해, 마치 아름답게 채색한 항아리 속에 독이 들어 있음과 같구나. 가죽주머니에 똥을 가득 담은 물건들이 와서 무엇을 하려 하느냐. 떠나거라. 나는 기뻐하지 않노라."

그러면서 부처님이 그 여인들을 손가락으로 가리키니 여인들이 노파로 변해버렸습니다.

이것은 즐거움이라는 것이 사실은 괴로움이라는 걸 상징하는 이야기지요. 채색한 항아리와 가죽주머니는 낙을 말합니다. 그 속에 독과 똥이 가득 들어 있다는 것은 고를 말합니다.

좋은 것인 줄 알고 했는데 결과가 나빠질 때가 있습니다. 즐겁기 위해 했는데 괴로움이 생기고, 행복하려고 했는데 불행해지고, 살려고 했는데 죽게 되는 결과가 나타나곤 합니다. 왜 그런 결과가 나오는 것일까요.

그것은 무지, 알지 못함, 어리석음에 원인이 있습니다. 그래서 괴로움의 원인은 무명, 무지입니다. 이 무명을 깨뜨리는 것이 깨달음입니다.

꿈에서 강도에게 쫓겨 도망을 가며 도움을 요청하고, 그래서 어쩌다가 강도로부터 벗어나 안도하고 기뻐하고 도와준 사람에게 감사하고, 이게 우리가 말하는 이 세상에서의 행복입니다. 하지만 이것은 모두 꿈속의 이야기입니다. 강도에게 쫓기는 얘기든 강도로부터 벗어나는 얘기든 다 꿈속의 얘기라는 말이지요. 이게 고와 낙이 결국은 다 고다 이런 말입니다.

꿈에서 강도에게 쫓길 때 어떡해야 합니까? 눈을 떠버리면 됩니다. 꿈에서 깨면 다 해결되지요. 꿈에서 깨버리면 고락이 다 사라져버립니다. 쫓기는 일도 없고 벗어나는 일도 없고 강도도 없고 도와주는 사람도 없습니다. 이것이 열반입니다.

그래서 불교는 천당에 가는 게 목표가 아닙니다. 천당은 바로 고락 중에 낙을 말합니다. 윤회하는 세계에서 지옥이 아닌 천상을 의미하지요. 그러니 그 즐거움은 반드시 괴로움으로 변하게 마련입니다. 천상은 영원한 게 아니라 지옥으로 떨어질 수밖에 없는 조건입니다.

그러니 열반에 이르려면 낙이 고임을 즉시 알아야 합니다. 그런데 이게 잘 안 되지요. 중생은 늘 고를 버리고 낙을 얻으려 하니까요. 낙이 고임을 알아서 낙에 집착하지 않을 때 비로소 고락을 벗어나고 윤회를 벗어난 해탈 열반의 길이 열립니다.

그런데 이걸 또 잘못 이해해서 낙을 버리라고 하니 단순히 즐거움을 버리는 것을 불교인 줄 압니다. 그래서 불교는 인생을 부정적으로 본다고 오해합니다. 이건 우리가 경험하는 고락의 세계

안에서 세상을 보기 때문에 그렇습니다.

　부처님은 고락을 벗어난 세계를 말하는데 우리는 고와 낙 둘 중에 하나를 계속 애기하는 거예요. 낙에 집착하는 것이 쾌락주의고 고에 집착하는 것이 고행주의고 고를 싫어하고 낙을 얻으려고 하는 게 중생이에요. 하지만 중생이 추구하는 낙은 그 낙이 곧 고이므로 아무리 낙을 추구해도 고에서 절대 벗어날 수가 없습니다.

아, 꿈이었구나

　　우리 인생을 한번 살펴봅시다. 결혼만 하면 행복할 것 같은데 결혼을 했더니 더 괴롭다면 그 사람들은 결혼을 잘못해서 그렇다고 생각합니다. 그래서 이혼만 하면 해결될 것 같은데 막상 이혼하고 나면 또 잘못했다고 생각해요. 그러면 재혼하면 해결되느냐. 재혼하면 또 잘못했다고 그래요.

　　결혼하면 행복해진다는 그 행복은 사실은 괴로움의 또 다른 출발입니다. 그러니 결혼하고 이혼하고의 문제가 아닙니다. 결혼하느냐 안 하느냐, 이혼하느냐 안 하느냐가 해결책이 아닌데도 사람들은 계속 그런 방식으로 문제를 해결하려고 합니다. 하지만 그런 방식으로는 절대 인생의 문제를 해결할 수가 없습니다. 그것은 행복에 이르는 바른길이 아닙니다.

고락에서 고가 잠시 멈추고 일시적으로 낙을 얻는 것은 행복에의 바른길이 아닙니다. 바른길은 고와 낙이 둘이 아님을 아는 것입니다. 이 바른 가르침에 따라 행동하고 말하고 마음을 쓰게 되면 고락이 점차로 줄어듭니다. 기뻤다가 슬펐다가 하는 그런 기쁨이 아닌 마음에 참된 평화와 기쁨이 찾아옵니다. 번뇌와 괴로움으로부터 조금씩 벗어나게 됩니다.

그래서 불자는 천상에 태어나는 게 목표가 아니라 해탈 열반이 목표입니다. 설령 내가 천상에 태어난다 하더라도 부처님 법을 만날 수 없다면 나는 그 천상의 기쁨도 마다하겠다 이 말입니다. 그 천상의 기쁨은 복이 다하면 반드시 괴로움으로 떨어지는 것이기 때문입니다. 내가 만약 부처님 법을 들을 수 있다면 지옥의 고통도 마다하지 않겠다는 말이지요. 그 지옥의 고통도 영원한 게 아니니까요. 부처님 법을 만날 수만 있다면 해탈 열반에 이를 수 있으니까요.

그러니 어리석은 사람은 꿈속에서 왕자를 만나고 공주를 만나면 좋아하고 강도를 만나면 싫어하지만, 현명한 사람은 그것이 좋은 꿈이든 나쁜 꿈이든 꿈인줄 알고 꿈에서 깨어납니다. 어떤 좋은 꿈을 꿀 거냐가 목표가 아니라 꿈에서 깨는 게 목표입니다.

그래서 수행자는 꿈을 가지고 좋은 꿈이니 나쁜 꿈이니 하는 것에 관심을 갖지 않습니다. 다만 "아, 꿈이었구나." 이 한마디만 합니다. 그것이 악몽이든 즐거운 꿈이었든 꿈일 뿐이에요. 지금 눈 뜬 것만 중요할 뿐이지 지나간 꿈속의 일에 집착하지 않아요. 꿈에서 돈을 아무리 많이 벌었어도 눈을 뜬 뒤에 그 돈을 찾는 사람은 없습니다. 꿈속에서 아무리 중요한 심부름을 가던 사람도 눈을 뜬 뒤에는 그 심부름을 잊어버립니다.

그러므로 이 법에 의지해 해탈 열반을 맛보게 되면 부자다 가난하다, 잘났다 못났다, 남자다 여자다, 지위가 높다 낮다, 괴로웠다 즐거웠다, 이건 한낱 꿈에 불과합니다. 이렇게 모든 고락이 사라져버린 그 상태를 고요함이라고 합니다. 선정에 들었다고 하지요.

이런 고요함 속에 깨어 있음이 있다는 말이지요. 고요함과 깨어있음, 고요함과 알아차림. 이걸 소소영령昭昭靈靈이라고 합니다.

그 소소영령한 상태가 깨달음이지요. 그러기 때문에 거기에는 지혜가 있습니다. 다른 사람의 어리석음을 깨우쳐줄 수 있는 힘이 있는 거예요.

이 소소영령한 깨달음으로 부처님은 45년 동안 번뇌 속에 괴로워하는 사람들을 무지와 무명에서 깨우쳐 주셨습니다. 악몽에서 깨어나도록 흔들어 깨워주셨지요. 열반을 증득하도록 도와주신 거예요. 그게 부처님이 45년 동안 하신 교화 활동입니다.

만약 부처님이 깨달음을 얻으셨더라도 부처님 혼자만 해탈의 기쁨을 누리고 그냥 열반에 드셨다면 성도일이 부처님에게는 더할 나위 없이 중요한 날이지만 우리와는 아무 상관없는 날이 되었을 것입니다. 하지만 부처님은 성도하신 뒤에 우리에게 괴로움에서 벗어나는 길을 알려주셨습니다.

우리에게 부처님이 부처님인 이유는 괴로움에서 벗어날 수 있는 그 길을 제시해 주셨기 때문입니다. 우리에게 그 분이 붓다인 것은 그분께서 가르침을 폈기 때문입니다. 우리가 겪고 있는 모든 고뇌와 갈등, 우리가 해결하고자 했으나 해결되지 않았던 모든 속박과 괴로움에서 벗어날 수 있는 길을 깨우쳐주셨기 때문입니다.

여래는 육신이 아니라
깨달음의 지혜니라

열반일

45년 동안 설법하시다 80세가 되던 해,
사라쌍수 아래에서 열반에 드시다.
음력 2월 15일.

유여열반과 무여열반

　　부처님은 인도 북쪽 히말라야 산기슭 카필라바스투에서 태어나 출가하신 뒤 마가다국 부다가야에서 도를 이루고, 바라나시에서 처음 설법을 하신 뒤 45년 동안 설법하시다가 80세가 되던 해 음력 2월 15일 쿠시나가라 성 밖의 사라쌍수 아래에서 열반에 드셨습니다.

　　열반은 산스크리트어 니르바나의 음역입니다. 모든 괴로움이 다 소멸이 되었다, 일체의 괴로움이 다 사라졌다 하여 멸滅이라고 번역되며, 괴로움이 모두 사라지고 고요적적한 상태라 하여 적멸寂滅, 아무런 걸림이 없고 고요적적한 상태여서 원적圓寂이라고도 합니다. 생사의 모든 고통이 사라져버렸다, 생生이 사라졌으니 사死는 저절로 사라져서 불생不生이라고도 하고, 모든 속박의 끈이 다 끊어지고 걸림 없는 상태라 하여 해탈이라고도 합니다.

사람들은 미망에 사로잡혀 업연에 끌려 살아가므로 갖가지 속박과 괴로움을 받습니다. 유위의 행을 하기 때문에 늘 인연을 짓고 그 과보를 받습니다. 그런데 이 미망에서 벗어나면 무위의 행을 하므로 인연 과보가 따르지 않습니다. 마치 새가 허공을 날아도 흔적이 없고 허공에 지팡이를 휘둘러도 흔적이 남지 않는 것처럼 삶에 있어서 어떤 흔적도 남지 않습니다. 그래서 무위無爲라고도 말합니다.

그런데 부처님은 보리수 아래에서 성도하셨을 때 이미 이런 열반에 드셨습니다. 그런데 왜 또 부처님이 돌아가신 것을 열반에 드셨다고 말하는 것일까요.

부처님은 깨달음을 얻었을 때 이미 열반에 들었지만, 육신을 가지고 세상 속에서 살기 때문에 몸에 병도 생기고 여러 가지 한계가 있었습니다. 그래서 이것은 열반이기는 하지만 뭔가 찌꺼기가 남아 있는 열반이라 하여 유여열반有餘涅槃이라고 합니다.

그리고 부처님이 돌아가시자 비로소 완전한 열반에 들었다 하여 무여열반無餘涅槃, 반열반般涅槃에 들었다고 말하는 것이지요. 육신을 버림으로 해서 드디어 아무런 찌꺼기가 남아 있지 않은 완전한 열반에 들었다는 말이지요. 이미 성도하여 열반에 드셨지만 마지막 남은 육신을 버림으로써 완전한 열반에 드신 것이지요. 그래서 부처님이 육신을 버린 그날을 열반일이라고 합니다.

가장 행복한 날, 열반

　　세속적으로 말하면 사람이 죽는 것은 인생사에서 가장 슬픈 일입니다. 그러니 우리의 관념으로 보면 부처님이 돌아가신 날은 정말 슬픈 날이라 할 수 있겠지요.

　　하지만 열반은 '제일 기쁘다'라는 뜻입니다. 가장 행복하다는 말이지요. 부처님이 돌아가신 그날은 열반일, 가장 행복한 날입니다. 이렇게 우리가 생각하는 죽음이라는 가장 괴로운 날이 가장 기쁜 날이라면 살아 있는 다른 날은 말할 것도 없이 모두 기쁜 날입니다. 우리의 모든 삶이 시간과 공간을 떠나서 전부 다 기쁨 속에 있다는 말입니다.

부처님은 죽어도 니르바나고 육신이 아파도 니르바나고 울어도 니르바나입니다. 부처님은 중생의 아픔을 보고 눈물을 흘려도 마음은 오직 니르바나의 경지에 있습니다.

이렇게 부처님은 생을 마감하는 순간마저도 고요하고 기쁩니다. 생과 사가 본래 없는 줄을 깨달았기 때문이지요. 이것이 열반의 의미입니다. 죽음이 좋다는 게 아니라, 죽음마저도 나에게 괴로움을 가져오지 못한다는 말이지요. 죽음마저도 나를 괴로움에 빠뜨리지 못할 만큼 내 마음이 늘 고요하고 행복하다는 말입니다.

그렇게 되기 위해서는 내 모든 괴로움이 밖에서 오는 게 아니라 사로잡힘에서 일어난다는 걸 알아야 합니다. 착각에서 일어나는 거지요. 그것을 아는 것이 깨달음입니다. 그러한 망령에서 깨어나면 괴로움은 바로 사라져버립니다.

그래서 『반야심경』에서도 조견오온개공照見五蘊皆空이라 했습니다. 오온이 모두 공하다는 것을 깨치면 도일체고액度一切苦厄, 모든 괴로움에서 벗어난다고 했습니다. 오온이 전도몽상轉倒夢想, 즉 뒤집어진 잘못된 생각으로부터 멀리 떠나면 구경열반究竟涅槃, 마침내 열반에 이르게 된다고 했지요.

부처님은 법으로서, 진리로서 오신 것입니다. 얼음이 물이 되고 물이 얼음이 되듯이 육신은 지수화풍으로 모였다 지수화풍으로 흩어지는 것에 불과합니다. 부처님의 가르침은 인연 따라 생멸하는 유위법有爲法이 아니라 생멸의 변화를 떠나 상주 불변하는 무위법無爲法입니다.

그래서 부처님은 말씀하셨습니다.

"여래는 육신이 아니라 깨달음의 지혜이니라.

육신은 비록 너희 곁을 떠나지만

깨달음의 지혜는 영원히 너희 곁에 남아 있으리라."

바로 우리의 마음이 밝고 맑고 가벼우면 늘 붓다와 함께 있는 것이지요.

스스로 등불이 되어

부처님의 열반에 대한 이야기는 열반경에서 자세하게 전하고 있습니다.

부처님이 마가다국의 영축산에 계실 때입니다. 아자타삿투 왕이 이웃 나라인 밧지족을 침략하기 전에 신하인 우사를 보내 이 전쟁이 승리할 수 있는지에 대해 부처님의 의견을 묻습니다. 이에 부처님은 우사에게 직접 대답하지 않고 아난다 존자에게 밧지족 사람들이 화합하고 있는가에 대해 일곱 가지로 물으셨고, 아난다 존자는 그들이 일곱 가지 화합의 법에 어긋남이 없다고 대답했습니다.

그러자 부처님이 말씀하셨습니다.

"그 나라는 언제나 안온해 누구의 침략도 받지 않을 것이다."

우사는 부처님의 말씀을 듣고 밧지족을 무력으로 침공한다는 것은 가능하지 않다는 것을 알고 물러났습니다. 부처님은 전쟁을 하라, 하지마라고 말씀하신 게 아니라 전쟁의 무의미함을 깨달아 스스로 전쟁을 포기하게 한 것이지요. 우사가 물러나자 부처님은 아난다와 일부 대중을 데리고 죽림정사로 자리를 옮겨 제자들에게 승가가 멸망하지 않는 일곱 가지 바른 법에 대해 말씀하셨습니다.

갠지스 강을 건넌 부처님이 바이샬리에 이르렀습니다. 그런데 그 해에는 심한 흉년이 들어 대중이 한 곳에 모여 살기가 어려웠습니다. 마을마다 기근이 들어 탁발을 하기가 어려웠던 것이지요.

부처님은 제자들을 모아놓고 말씀하셨습니다.

"이 나라에는 흉년이 들어 걸식하기가 매우 어렵다. 그대들은 각기 흩어져 동료와 지인을 의지해 안거에 들어가라. 나는 아난다와 함께 여기에서 안거하리라."

제자들이 모두 떠나자 부처님은 아난다와 함께 벨루바 촌에 머물렀는데, 그 안거 중에 부처님은 병이 나셨습니다. 결국 돌아가실 정도로 병이 심해지자 아난다는 자기 혼자 있을 때 부처님이 돌아가시면 어쩌나 걱정이 되어 어쩔 줄을 몰랐습니다.

그러나 부처님은 이렇게 말씀하셨습니다.

"나는 지금 병이 나서 온몸의 아픔이 점점 심해지고 있다. 그러나 제자들이 모두 흩어져서 없는데 열반에 드는 것은 옳지 않다. 대중이 모이기를 기다려 열반에 들리라. 나는 힘써 정진함으로써 선정에 들어 삼매의 힘으로 병을 이겨내고 목숨을 이으리라."

그때 아난다가 부처님에게 여쭈었습니다.

"세존이시여 안온한 모습을 뵈오니 마음이 놓입니다. 세존께서 병이 깊어 심한 고통을 당하고 계실 때 마음은 근심과 걱정으로 어찌할 바를 몰랐습니다. 갑자기 열반에 드시면 어찌하나 생각하니 힘이 빠져서 몸을 가눌 수도 없고 사방이 캄캄해져서 아무것도 분간할 수가 없었습니다. 그러나 문득 세존께서 승단에 대하여 아무런 말씀도 남기지 않으셨는데 열반에 드시지는 않으실 것이라고 생각하여 조금은 안심할 수 있었습니다. 세존이시여, 왜 제

자들에게 부처님이 열반에 드신 뒤의 승단에 대한 가르침과 분부
가 없습니까?"

그러자 부처님은 아난다에게 말씀하셨습니다.

"아난다여, 수행자가 내게 기대할 바가 있다는 생각은 옳지 못
하다. 나는 이미 모든 법을 설하였다. 나의 가르침에는 제자들에
게 숨긴 채 스승의 주먹 속에 감춘 비밀 같은 것은 없다. 나는 이
제까지 안팎을 가리지 않고 모두 설하였다. 여래는 지금까지 많은
대중을 이끌고 지도했다. 승가가 나에게 속해 있다는 생각을 갖고
있지 않다. 그런데 어찌 대중에게 교단의 후계에 대한 가르침과
시킴이 있을 수 있겠느냐.

아난다여, 나는 나이가 팔십이 되었으며 나의 몸은 노쇠하여
비유하면 마치 낡은 수레와 같다. 마치 낡은 수레를 방편으로 수
리하여 좀 더 가고자 하는 것과 같이 내 몸도 또한 그와 같으니라.

아난다여, 모든 승가의 대중은 마땅히 자기 스스로가 등불이
되고 자기 스스로가 의지처가 될 것이며, 다른 사람을 의지처로 삼
지 말아야 한다. 또한 마땅히 진리의 법을 등불로 삼고 진리의 법
을 의지처로 삼을 것이며, 다른 것을 의지처로 삼지 말아야 한다.

아난다여, 지금이나 또는 내가 열반에 든 뒤에나 스스로가 등불이 되고 스스로가 의지처가 되어 다른 사람을 의지처로 삼지 않으며, 법을 등불로 삼고 법을 의지처로 삼아 다른 것을 의지처로 삼지 않는 사람이야말로 나의 제자며 이 승가에서 가장 높은 위치에 있는 자이니라."

참다운 기적

부처님은 몸을 추슬러 쿠시나가라를 향해 발걸음을 옮기셨습니다. 바이샬리를 떠나기 전, 코끼리가 고개를 돌려 뒤돌아보듯 천천히 고개를 돌려 바이샬리를 돌아보며 미소를 지으셨습니다. 아난다가 부처님이 웃으시는 이유를 묻자 부처님은 "내가 이 아름다운 바이샬리를 보는 것도 이것이 마지막이구나" 하고 말씀하셨습니다.

부처님이 병든 몸으로 열반의 길을 걸어가실 때, 바이샬리 사람들은 다시는 부처님을 뵐 수 없다는 생각에 계속 따라왔습니다. 부처님이 간다키 강을 건넌 뒤에도 사람들은 강변을 떠나지 못하고 이별을 아쉬워했습니다. 그러자 부처님은 발우를 물에 띄워 그들에게 이별의 증표로 보내셨습니다. 바이샬리 고고학박물관에 가면 강에 발우가 떠내려가는 조각이 있는데 이때의 장면을 표현한 것입니다. 바이샬리 사람들은 이 발우를 받고 감격해서 마지막 인사한 곳에 큰 탑을 쌓았다고 합니다.

부처님은 하루하루 북쪽으로 나아가 파바 마을에 이르렀습니다. 그때 대장장이 춘다가 부처님의 법문을 들은 뒤 다음 날 부처님과 제자들에게 공양을 올리겠다고 부처님을 초대했습니다. 부처님은 침묵으로 승낙하셨습니다.

하지만 제자들은 부처님이 춘다의 초대를 당연히 거절하실 거라고 생각했습니다. 그 해는 흉년이 심하여 큰 부자도 아닌 가난뱅이 대장장이가 부처님과 그 많은 제자들에게 어떻게 식사 대접을 하겠느냐는 생각이었지요. 춘다가 돌아간 뒤 아난다가 부처님께 여쭈었습니다.

"부처님, 춘다는 가난한 사람입니다. 내일 아침 공양을 준비할 수가 없습니다. 그런데 왜 승낙을 하셨습니까?"

그러자 부처님은 "그는 능히 준비할 수가 있다"라고 말씀하셨습니다.

이튿날 아침 부처님과 제자들은 춘다의 집에 가서 공양을 받았습니다. 춘다는 갖가지 음식으로 공양을 올렸습니다. 그런데 춘다가 스카라맛다바라는 음식을 부처님 발우에 담자 부처님이 말씀하셨습니다.

"춘다여, 이 음식은 대중에게 돌리지 마라. 이 음식을 소화할 수 있는 자는 사람과 신들 중에 아무도 없단다. 땅에 묻어라."

춘다는 부처님이 시킨 대로 했습니다.

식사가 끝난 뒤 부처님은 춘다를 위해 설법하시고는 조금 서두르듯이 길을 나섰습니다. 그러고는 얼마 지나지 않아 '배가 몹시 아프구나.' 하시더니 피가 섞인 설사를 했습니다. 스카라맛다바에 독성이 있어서 식중독을 일으킨 것이었습니다.

그럼 왜 부처님은 독성이 있는 음식을 그냥 드신 걸까요. 그 이유는 그것이 걸식의 원칙이기 때문입니다. 공양 때에는 음식물을 분별없이 그냥 받아야 합니다. 남을 위해서는 그것을 주지 말라고 할 수 있지만 자기를 위해서는 말하지 않습니다. 음식을 받았는데 좀 싱겁다고 소금을 달라고는 못합니다. 걸식의 원칙이 그렇습니다. 음식을 두고 이게 좋다 싫다 분별심을 일으키지 않게 되어 있지요. 부처님 발우에 음식이 이미 담겼으니 부처님은 받으셨지만 비구들에게는 이 공양을 올리지 말라고 말씀하신 이유가 그렇습니다.

부처님은 고통이 점점 더 심해졌습니다. 길을 가다가 자리를 깔고, 누워계시다가 설사를 하고, 또 가시다가 이렇게 여러 차례 쉬어가시다가 카쿳다 강가에 이르러 마지막 목욕을 하시고 자리를 깔고 누우셨습니다. 그러자 제자들이 춘다를 원망하기 시작했습니다.

부처님이 공양을 드시고 배탈이 났다는 말을 전해들은 춘다는 안절부절 못했습니다. 자기 딴에는 잘한다고 했는데 부처님이 많이 아프시고 돌아가실지도 모른다는 말까지 들려오니 어쩔 줄 몰라 했습니다.

그때 부처님이 아난다에게 물었습니다.

"아난다여, 지금 춘다는 어쩌고 있느냐?"

"춘다는 매우 괴로워하고 있습니다."

"대중들은 어떠하냐?"

"대중들은 춘다를 비난하고 있습니다."

그러자 부처님은 아난다에게 춘다를 불러오게 해서 제자들과 함께 앉게 하고는 물었습니다.

"아난다여, 이 세상에서 공덕이 큰 공양이 무엇이겠느냐?"

"부처님께 올리는 공양입니다."

"그렇다. 부처님께 올리는 공양 중에서도 가장 공덕이 큰 공양이 무엇이겠느냐?"

아난다가 대답이 없자 부처님이 말씀하셨습니다.

"아난다여, 두 가지가 있느니라. 하나는 부처가 도를 이루기 직전에 올린 공양이고, 또 하나는 부처가 열반에 들기 전에 올린 마지막 공양이다."

부처님이 도를 이루기 직전에 올린 공양은 수자타의 공양입니다. 수자타의 공양이 위대한 공양이라는 것은 누구나 다 알고 있었습니다. 그런데 부처님을 굶주림에서 살려낸 수자타의 공양의 공덕과 부처님을 병이 들게 한 춘다의 공양의 공덕이 같다고 말씀하신 것입니다.

세속적으로 말한다면, 수자타의 공양은 부처님을 살려낸 공양이고 춘다의 공양은 부처님을 돌아가시게 한 공양입니다. 그런데 부처님이 열반에 드시기 직전에 드신 마지막 공양이 춘다의 공양이니 춘다는 한량없는 공덕을 지은 사람이 된 것입니다. 부처님의 말씀에 춘다는 모든 근심 걱정이 사라졌고, 거기에 모인 제자들도 더 이상 춘다를 비난하지 않게 되었습니다.

사람들은 독성이 있는 음식을 먹고 죽지 않았다든지, 그 음식에 독이 있다는 것을 미리 알아차리고 먹지 않았다든지 할 때 그 사람이 대단하다고 말합니다. 기적을 행했다고도 말합니다. 하지만 그런 사람은 과거 역사 속에서도 많았고 지금도 있고 미래에도 있을 것입니다. 그러나 부처님은 춘다가 올린 음식을 드시고 발병하였으면서도 춘다를 비난하던 사람들이 춘다의 공양을 칭송하게 만드셨습니다. 이것이야말로 참다운 기적이며 부처님의 한없는 위신력입니다.

여래는 육신이 아니라 깨달음의 지혜

부처님은 대중을 이끌고 다시 북쪽으로 나아가셨습니다. 이때 부처님은 이미 탈진할 대로 탈진한 상태였지만 사자처럼 당당히 대중을 이끌고 앞서 걸어가셨다고 경전에 기록되어 있습니다.

이렇게 해서 쿠시나가라에 있는 사라나무 숲에 이르자 부처님은 아난다에게 사라나무 사이에 자리를 깔라고 하셨습니다. 아난다가 부처님의 가사를 네 겹으로 접어 자리를 만들자 부처님은 오른쪽 옆구리를 땅에 붙이고 누우신 뒤 "오늘 저녁에 여래는 열반에 들리라" 하고 말씀하셨습니다. 그리고 마을 사람들에게 알리어 여래가 열반에 들기 전에 작별 인사를 할 사람은 다 와서 하라고 이르셨습니다.

아난다가 울면서 말했습니다.

"부처님, 많은 출가 제자들과 재가 제자들이 있는 라자그리하나 쉬라바스티나 바이샬리를 두고 왜 이런 외진 쿠시나가라의 사라나무 숲에서 열반에 드시려 하십니까?"

그러자 부처님이 말씀하셨습니다.

"아난다야, 그렇게 말하지 마라. 이곳은 먼 훗날 성스러운 곳이 되느니라."

부처님이 왜 숲에서 열반에 드셨을까요?

만약 부처님이 성 안에서 열반에 들면 왕족이나 지위가 높은 사람만이 부처님께 마지막 인사를 할 수 있었을 것입니다. 부처님이 숲에서 열반에 드시니까 왕족이든 브라만이든 천민이든 누구든 오고 싶으면 올 수 있었고, 사람만이 아니라 짐승도 오고 싶으면 올 수 있었지요. 이렇게 부처님의 가르침은 모든 사람에게 늘 문이 활짝 열려 있습니다.

그렇게 부처님이 누워 계시는데 사라나무에서 꽃 필 때가 아닌데 꽃이 피고 하늘에서 음악소리가 들리고 꽃비가 떨어졌습니다. 그러자 아난다가 놀라서 부처님께 이게 무슨 일이냐고 여쭈었습니다. 그러자 부처님은 "하늘의 신들이 여래에게 마지막으로 공양을 올리는 거다" 하시면서 "하지만 아난다야, 이것은 제일의 공양이 아니다. 여래에게 올리는 제일의 공양은 여래의 가르침에 따라 수행 정진하는 것이다"라고 말씀하셨습니다.

아난다가 마을 사람들에게 여래의 열반 소식을 알리고 부처님 곁으로 돌아와 슬피 울자 부처님이 말씀하셨습니다.

"아난다여, 슬퍼하지 마라. 여래는 육신이 아니라 깨달음의 지혜이니라. 육신은 비록 너희 곁을 떠나지만 깨달음의 지혜는 영원히 너희 곁에 남아 있으리라."

그러자 아난다가 물었습니다.

"세존이시여, 우리는 부처님께 공양을 올림으로써 최상의 공덕을 지었습니다. 그런데 이제 부처님이 계시지 않는다면 우리는 어떻게 그런 큰 공덕을 지을 수 있겠습니까?"

부처님이 말씀하셨습니다.

"아난다야 걱정 마라. 여래가 없는 세상에서 여래에게 올리는 공덕과 똑같은 공양이 네 가지 있느니라. 첫째는 배고픈 사람에게 먹을 것을 주는 것이고, 둘째는 병든 사람에게 약을 주는 것이고, 셋째는 가난하고 외로운 자를 돕고 위로하는 것이며, 넷째는 청정하게 수행하는 자를 잘 외호하는 것이다. 이 네 가지를 행한다면 여래에게 공양하는 것과 다름이 없느니라."

이렇듯 우리가 경전을 읽고 부처님의 일생을 공부하면 부처님이 우리에게 어떤 지침을 주셨는지 알 수 있습니다. 우리가 지금 어떤 일을 해야 하는지도 분명히 알 수 있습니다. 부처님의 삶을 보면 거기에는 너무나 분명한 가르침이 있고 길이 있습니다.

낙숫물이 바위에 구멍을 뚫듯이

부처님이 열반에 드신다고 하자 마을 사람들이 줄을 지어 찾아왔습니다. 한 사람씩 부처님을 뵙기에는 대중이 너무 많아 아난다는 가족으로 묶어 부처님을 뵙게 했습니다.

그렇게 밤이 깊어 사람들이 다 돌아가자 제자들은 부처님이 고요히 열반에 드실 수 있도록 부처님의 마지막을 지키고 앉아 있었습니다.

그런데 그때 수밧드라라는 바라문이 뒤늦게 찾아와 부처님을 뵙겠다고 청했습니다. 그러나 아난다는 부처님을 방해해서는 안 된다며 수밧드라의 청을 거절했습니다.

몇 번씩이나 간청하는 수밧드라와 부처님을 생각해 거절하는 아난다의 목소리를 들으신 부처님께서 아난다에게 말씀하셨습니다.

"아난다여, 그를 막아서는 안 된다. 그는 나를 귀찮게 하려는 것이 아니라 자신의 문제를 해결하려고 찾아온 사람이다. 나 또한 조금도 귀찮을 것이 없으니 들어오기를 허락해 주어라. 만일 그가 내 법을 들으면 그는 반드시 법의 눈이 열릴 것이다."

수밧드라는 뛸 듯이 기뻐하며 부처님께 절을 한 뒤 자기가 알고 있는 여러 가지 사상에 대해 늘어놓으며 어떤 것이 옳고 그른 것인지 부처님의 의견을 물었습니다. 그러나 부처님은 그 모든 것에 대해 자세히 설명해 줄 시간이 없다는 것을 아시고는 수밧드라가 깨우칠 수 있게 말씀하셨습니다.

"수밧드라여, 나는 그것을 이미 다 알고 있소. 그러나 그러한 문제를 논한다는 것은 무익한 일일 뿐이오. 나는 이제 그대를 위해 깊고 묘한 법을 설하리라. 그대는 자세히 듣고 잘 생각하시오. 수밧드라여, 저들의 도는 부처의 도와 다르니라. 저들은 스스로 욕망에 탐착하고 갈망하는 여덟 가지 삿된 길을 걷느니라."

그러고는 수밧드라에게 깨달음을 얻을 여덟 가지 바른 길인 팔정도八正道에 대해 설하시고는 말씀하셨습니다.

"나는 스물아홉 살에 도를 찾아 출가해 50년 이상을 정진했다. 계행과 선정과 지혜의 수행을 홀로 깊이 생각하고 닦았노라. 이제 너에게 법의 핵심을 설했으니, 그밖에는 진실한 길이 따로 없노라."

팔정도에 대한 법문을 들은 수밧드라는 정신이 번쩍 들고 마음이 시원해져 부처님께 제자로 받아들여 달라고 간청했습니다. 그래서 수밧드라는 부처님의 마지막 제자가 되었습니다.

이렇게 해서 그 모든 것이 끝나고 부처님이 다시 제자들에게 물을 게 있으면 물어보라고 하십니다. 마치 친구가 친구에게 묻듯이 편안한 마음으로 물어보라고 하시며, 여래가 열반한 뒤에 그때 여쭤볼 걸 하고 후회해 봐야 아무 소용이 없다며 지금 물어보라고 하십니다.

이렇게 부처님이 세 번을 묻자 아난다가 "저희는 여래의 가르침에 대해서 아무런 의심이 없습니다. 여기 있는 대중은 부처님의 법에 귀의해서 다 안온합니다"라고 답했습니다.

그제야 부처님은 제자들에게 마지막 말씀을 하셨습니다.

"내가 열반에 든 뒤에는 계율을 존중하되, 어둠 속에서 빛을 만난 듯이, 가난한 사람이 보물을 얻은 듯이 소중하게 여겨야 한다. 계율은 곧 너희들의 큰 스승이며, 내가 세상에 더 살아 있다 해도 이와 다름이 없기 때문이다.

계는 해탈의 근본이니라. 이 계를 의지하면, 모든 선정이 이로부터 나오고 괴로움을 없애는 지혜가 나온다. 그러므로 청정한 계를 범하지 말라. 청정한 계를 가지면 좋은 법을 얻을 수 있지만, 청정한 계를 지키지 못하면 온갖 좋은 공덕이 생길 수 없다. 계는 가장 안온한 공덕이 머무는 곳임을 알아라.

모든 것은 쉴 사이 없이 변해가니 부디 마음속의 분별과 망상과 밖의 여러 가지 대상을 버리고 한적한 곳에서 부지런히 정진하라. 부지런히 정진하면 어려운 일이 없을 것이다.

원수와 도둑을 멀리하듯이 한결같은 마음으로 방일함을 멀리하라. 나는 방일하지 않았기 때문에 스스로 정각을 이루었다. 마치 낙숫물이 떨어져 바위에 구멍을 내는 것과 같이 끊임없이 정진해라. 이것이 여래의 최후의 설법이니라."

이렇게 해서 부처님은 열반에 드셨습니다. 부처님이 열반에 들자 제자들은 장례 치를 준비를 했습니다. 아난다가 부처님께 장례를 어떻게 치러야 할지 여쭤보았을 때 부처님은 "너희는 그런 것은 신경 쓸 필요 없다. 재가 신자들이 알아서 할 것이다"라고 말씀하셨습니다.

이 말씀의 뜻은 장례는 재가 신자들이 치르라는 말씀이 아닙니다. 장례는 그렇게 중요하지 않으니 세상 풍속대로 하라는 말입니다. 재가 신자들이 세상 풍습대로 장례를 치를 테니 수행자는 그런 것에 신경 쓰지 말라는 겁니다.

수행자는 오로지 계율을 스승으로 삼고 방일하지 않을 것이며, 낙숫물이 바위에 구멍을 내듯이 부지런히 수행 정진하라는 말씀이 제자들에게 남긴 부처님의 마지막 유언입니다.

베풀고, 참회하고,
법을 깨치라

백중

돌아가신 조상을 위해 기도하는 날.
음력 7월 15일.

배고픈 사람에게 베푸는 것

　　　불교의 명절 가운데에는 부처님과 직접 관련이 있는 부처님 오신 날, 출가일, 성도일, 열반일뿐만 아니라 불교와는 꼭 상관없어 보이는 행사도 있습니다. 불교가 인도에서 일어나 중국을 거쳐 우리나라에 이르는 동안 불교문화에 인도 문화와 중국 문화, 그리고 우리나라 고유의 전통 문화가 함께 들어 있기 때문이지요.

　　그래서 같은 불교인데도 한국 불교, 중국 불교, 인도 불교의 문화가 각각 다릅니다. 불상 모양도 다르고 절 모양도 다르고 스님이 입는 옷 모양도 다릅니다. 우리나라의 산신각, 칠성각은 한국 전통 문화가 불교 속에 들어있는 것이고, 사천왕문의 사대천왕이나 금강역사, 신중탱화 등은 인도의 전통 신앙이 우리나라 불교 문화로 들어온 것입니다.

이런 전통 문화적 요소 가운데 하나인 백중 역시 불교와 직접 관련이 있는 행사는 아닙니다. 즉 부처님과 직접 관계가 있는 것은 아니라는 말이지요. 백중은 인도의 민속 신앙인데 그것이 불교와 결합해 불교문화가 되었습니다. 그런데 이런 백중이 우리나라에서 특히 성행하는 이유는 우리나라 전통 사상인 효 사상과 백중의 의미가 일맥상통하기 때문입니다.

인도에서 백중은 음력 7월 15일로 돌아가신 조상을 위해 기도하는 날입니다. 조상에게 음식을 올리고 좋은 곳으로 가라고 천도하지요. 지옥에 있다가 거기를 벗어나 천상으로 옮겨가는 것을 천도라고 합니다. 인도는 음력 4월 15일부터 우기가 시작되어 음력 7월 15일에 끝납니다. 우기 때에는 석 달 이상 비가 계속됩니다. 그래서 한곳에 머무르지 않고 이동하면서 걸식해야 하는 수행자들이 유행遊行할 수 없는 계절입니다.

우리나라는 보통 인적 없는 외진 곳에 머무르는 것을 수행이라 생각하지만 인도에서는 한곳에 머무르지 않고 걸식을 하면서 떠도는 것을 수행이라 합니다. 그래서 수행자를 유행자라고도 하지요. 집을 나와서 떠돌며 수행을 하는 것은 그 어디에도 집착하지 않는다는 정신입니다.

인도 수행자는 걸식을 해도 한 집에서 한 번 이상 얻어 먹지 않고, 잠을 자도 한 자리에서 두 번 자지 않습니다. 하지만 아무리 그렇다 해도 비가 계속 쏟아지는 우기에는 옮겨 다니며 수행하기가 굉장히 어렵습니다. 그래서 우기가 끝날 때까지 한곳에 머무르게 됩니다. 이것을 안거安居라고 합니다. 비 오는 계절에 안거를 하기 때문에 우안거라고 하지요.

이렇게 안거를 하면 유행할 때보다 걸식하기가 더 어렵습니다. 떠돌면서 이 동네 저 동네 이 집 저 집에서 걸식할 때보다 한 동네에서 석 달을 머무르며 걸식하면 아무래도 음식이 부실하게 마련이지요. 또 주워 입을 만한 옷도 마땅치 않게 됩니다. 그래서 스님들이 안거가 끝날 때쯤이면 영양실조가 심각해지고 옷이나 생활필수품도 다 떨어져 생활하기가 아주 어려운 상태가 됩니다.

그래서 백중은 음력 7월 15일 조상을 천도하기 위해 재를 지내는 인도의 전통 사상과 그 무렵 안거가 끝나는 수행자들에게 공양을 올리는 풍습이 결합해서 생긴 불교문화입니다. 조상을 천도하는 재를 베풀고 그 공양물을 긴 안거 끝에 헐벗고 굶주린 스님들에게 베풀어 공덕을 짓는 것입니다. 인도에서는 조상을 천도할 때 가난한 사람에게 베풀면 복이 된다는 믿음이 있었는데, 안거가 끝나는 날 스님들이 가장 배고픈 자이므로 그런 스님들에게 베푸는 게 가장 큰 공덕이 된다는 것이지요.

백중은 100명의 스님에게 공양을 올렸다 해서 백중百衆이라고 했는데, 여기서 100은 꼭 그 수가 100이 아니라 아주 많은 스님들에게 공양을 올렸다는 말입니다. 또 100가지 공양을 올렸다는 뜻으로 백종百種이라고도 합니다. 마찬가지로 100가지는 음식만을 말하는 게 아니라 여러 가지 생필품을 비롯하여 다양한 공양을 올렸다는 말입니다.

알게 모르게 지은 죄를 용서받기 위해

　　　백중의 원래 뜻은 우란분, 산스크리트어로 울람바나 Ullambana입니다. 우란분회, 우란분절이라고도 하지요. 우란분은 거꾸로 매달린다는 뜻입니다.

　사람이 바로 서 있어야 편하지 거꾸로 매달려 있으면 굉장히 고통스럽겠지요. 그러니까 사람이 천상에 가면 편한데 지옥에 가면 이 세상에서 거꾸로 매달린 것과 같은 상태라는 것입니다. 그러니 거꾸로 매달렸다는 말은 고통에 빠졌다는 말입니다. 이 거꾸로 매달린 사람의 줄을 풀고 바로 세우는 것이 천도薦度입니다. 천도는 고통 받는 사람을 고통에서 구제한다는 뜻입니다.

그럼 고통 받는 사람을 어떻게 하면 구제할 수 있을까요. 죄를 지어 지옥에서 벌을 받고 있는 사람을 구제할 수 있는 방법이 바로 남에게 베푸는 것입니다. 기존의 제祭를 지내는 것과는 구별하여 베푸는 의미을 담아 재齋 자를 써서 우란분재, 백중재라고 합니다.

어떤 사람이 죄를 지어, 남을 때렸거나 물건을 훔쳤거나 해서 감옥에 갔다고 합시다. 그렇게 감옥에 간 것은 거꾸로 매달린 것이 되겠지요. 그때 감옥에 간 죄인을 감옥에서 풀어내려면 어떻게 해야 합니까? 우선 죄에 대한 배상을 해야겠지요. 남을 때렸든 물건을 훔쳤든 일단은 배상을 해야 합니다. 우란분재에서 베푼다는 것이 바로 이렇게 배상을 하는 것에 속합니다.

그런데 살아 생전 특정한 한 사람에게만 죄를 지었다면 그 사람한테만 베풀고 용서를 빌면 되겠지만 우리의 죄라는 것은 알고도 짓고 모르고도 지은 죄이고, 수많은 사람과 생명에게 지은 죄이다보니 어느 한두 사람에게 배상하면 되는 수준이 아닙니다. 결국 사람들이 지은 온갖 피해가 몰리고 몰려서 가장 큰 피해를 본 사람이 누구겠습니까? 바로 가장 가난한 자입니다.

나는 회사에서 일하면 월급을 500만 원 받는데 어떤 사람은 100만 원을 받습니다. 어떤 나라에서는 한 달에 10만 원밖에 못 받을 수도 있겠지요. 똑같이 하루 여덟 시간 일하는데 나는 500만 원을 받고 어떤 사람은 10만 원밖에 못 받는다고 내가 10만 원 받는 사람의 돈을 직접 빼앗은 건 아닙니다. 내가 그에게 직접적으로 피해를 준 건 아니지만 사회 전체적으로 볼 때에는 부가 부유한 사람에게 편중되어 배분이 된 겁니다. 연기적인 세계관에서 보면 이것이 분명하게 보입니다. 나와 네가 연관되어 있지 않다고 볼 때에는 너와 내가 아무 상관없는 것 같지만 실상은 우리가 서로 다 연관되어 있습니다.

음식을 잘못 먹어서 위가 아프다면 위가 잘못을 저지른 걸까요? 눈이 잘못 판단했든지, 손이 더러웠든지, 입이 맛에 집착해서 잘못 먹었든지 잘못은 다른 데 있는데 고통은 위가 받습니다. 그처럼 서로 연관된 세계에서는 내가 잘못을 지었다고 꼭 내가 죄를 받는 게 아닙니다.

지구 온난화 때문에 지구 곳곳에서 사막화가 진행되고 있습니다. 그런데 실제로 환경을 가장 많이 파괴한 주범은 미국과 유럽,

일본이나 한국 같은 산업이 발전한 나라들입니다. 그런데 오존에 구멍이 나면 환경 파괴를 많이 한 나라 사람만 그 피해를 받는 게 아니라 오히려 몽골이나 아프리카 같은 나라에서 피해를 더 많이 받습니다. 우리는 지구라는 하나의 생태계에 살고 있기 때문입니다.

남편이 부도를 내서 회사가 망하면 남편도 고통 받지만 그 피해가 아이들한테도 갑니다. 북한처럼 정치 지도자가 잘못하면 가난한 백성들은 굶어죽습니다. 우리나라도 사회 지도층이 부정부패를 저지르면 그 피해와 손실은 일반 국민이 짊어지게 됩니다.

이렇게 우리가 알게 모르게 저지른 죄 때문에 가장 피해를 많이 보는 사람은 언제나 가난한 사람들입니다. 그러므로 지은 죄를 용서받으려면 가장 가난한 사람에게 베풀어야 합니다. 음식이 없어서 굶어죽는 사람에게 음식을 베푸는 게 가장 큰 공덕이고, 병들어 죽어가는 사람에게 약을 베풀어 치료하는 게 두 번째 공덕이며, 가난한 자와 외로운 자를 돕고 위로하는 것이 세 번째 공덕이며, 청청한 수행자를 돕는 것이 네 번째 공덕입니다.

부처님도 배고픈 자에게 밥을 주는 것, 병든 자에게 약을 베푸는 것, 가난한 자를 돕고 외로운 자를 위로하는 것, 청정히 수행하는 자를 잘 외호하는 것이 부처님께 올리는 공양의 공덕과 똑같다고 하셨습니다. 그래서 백중 때 안거가 끝난 스님들이 물질적으로는 가장 가난하고, 안거동안 정진했으므로 정신적으로 가장 청정하므로 그 스님들에게 올리는 공양이 큰 공덕이 된다는 것입니다.

목련 존자 이야기

　백중의 유래와 의미를 상징적으로 보여주는 것이 목련 존자 이야기입니다. 『목련경』에 나오는 목련 존자 이야기가 부처님 십대 제자 가운데 한 사람인 목련 존자의 기록과 일치하지는 않습니다. 그러나 부처님 당시에 신통력이 가장 뛰어났던 제자가 목련 존자이므로 목련 존자와 전통 신앙이 결합해서 이 『목련경』이 만들어진 것 같습니다.

　『목련경』에 보면 지위도 높고 부유한 집안에서 태어난 목련 존자는 아버지가 돌아가시자 모든 재산을 상속받습니다. 상속받은 재산을 셋으로 나눠 3분의 1은 어머니 몫으로 드리고, 3분의 1

은 어머니에게 맡기면서 아버님을 위해 가난한 사람들에게 베풀어 달라고 당부했습니다. 그리고 자기가 나머지 3분의 1을 가지고 장사 길을 떠났습니다.

그렇게 해서 여러 나라와 도시를 다니며 장사를 하던 목련 존자는 어느 날 부처님을 만나 설법을 듣고 출가를 결심하고는 어머니에게 마지막 인사를 하기 위해 고향으로 돌아왔습니다.

그런데 목련 존자의 어머니는 아들이 떠난 뒤 아들이 가난한 사람들에게 베풀라고 준 돈으로 장사를 했습니다. 가축을 기르고 도살업을 한 것입니다. 그렇게 해서 목련 존자 어머니는 돈을 많이 벌었지만 가난한 사람들에게 베풀기는커녕 누가 동냥이라도 하러 오면 욕을 하고 두들겨 패서 쫓아내 버렸어요. 그래서 집에서는 늘 짐승의 비명소리가 들리고 피비린내가 났습니다. 또 온 마을 사람들로부터 인심을 잃고 비난을 많이 받고 있었습니다.

목련 존자는 집으로 돌아오는 길에 사람들에게 어머니에 대한 나쁜 소문을 들었습니다. 하지만 설마 우리 어머니가 그렇게 했겠냐 싶어 반신반의하며 집에 들어서 보니, 도살업은커녕 집 안에 짐승 한 마리 없고 뒷마당에 빈 그릇만 잔뜩 쌓여 있었습니다. 목련 존자가 돌아온다는 소식을 듣고 어머니가 이미 도살업을 하던 흔적을 싹 치워놓았던 것이지요.

목련 존자는 안심을 하며 어머니에게 집으로 돌아오면서 들었던 소문에 대해 말했습니다. 그러자 어머니는 도대체 누가 그런 소리를 하느냐고 펄쩍 뛰면서 오늘도 가난한 사람들이 500명이나 와서 밥을 먹고 갔다며 뒷마당에 펼쳐놓은 빈 그릇을 보여주었습니다. 그러면서 만약 내 말이 거짓말이면 내가 일주일 안에 죽어 지옥에 갈 거라고 큰소리를 쳤습니다.

그런데 목련 존자 어머니는 정말로 일주일 만에 돌아가셨어요. 하지만 그래도 목련 존자는 어머니가 그것 때문에 돌아가셨다고는 꿈에도 생각하지 않고 장례를 잘 치렀습니다. 그리고 가진 재산을 모두 베풀고 출가를 했습니다.

그렇게 부처님 제자가 되어 수행을 열심히 하던 목련 존자는 하루는 신통력을 써서 아버지가 어디 계시나 찾아보았습니다. 아버지는 천상에서 편안하게 잘살고 계셨습니다. 그래서 어머니를 찾아보니 어머니가 안 보이는 거예요. 인간 세상에 환생하셨는지 살펴봐도 없고, 축생계를 둘러봐도 없고 아귀계를 봐도 없었습니다. 그래서 지옥을 살펴보았더니 어머니가 지옥에서 거꾸로 매달려서 온갖 고통을 겪고 있는 거예요.

목련 존자는 너무 가슴이 아팠지만 자기의 신통력으로는 지옥에서 고통받는 어머니를 구해낼 도리가 없었습니다. 그래서 부처님께 어머니를 지옥에서 구할 수 있는 방법이 무엇인지 물어보았습니다. 그러자 부처님이 "네 어머니가 저지른 죄업은 무거워 보통 공덕으로는 풀 수가 없다. 이것을 풀 수 있는 길은 어머니를 위해 최고의 공덕을 지어야 한다"고 하셨습니다.

그래서 안거가 끝나는 날, 많은 스님들에게 갖가지 공양을 올려 그 공덕으로 목련 존자의 어머니가 지옥을 벗어날 수 있었다는 게 『목련경』의 이야기입니다.

베풀고, 참회하고, 법을 깨치는 공덕

　　왜 우리가 돌아가신 부모님을 위해 이렇게 정성을 쏟아야 할까요? 정말 부모님을 천도한다고 천도가 될까요?

　　부처님의 가르침에 따르면 부모님은 내 밖에 따로 계시는 게 아니라 내 마음 가운데 계십니다. 그러니 부모님을 천도한다는 것은 곧 나를 천도한다는 것입니다. 왜 부모님이 내 마음 가운데 있느냐는 건 불교적으로는 말할 필요도 없습니다. 일체가 다 마음 가운데 있으니 부모님 역시 당연히 마음 가운데 있는 것이지요.

　　사람들은 부모님이 살아 계실 때, 내 밖 저기에 부모님이 계신다고 인식합니다. 그렇기에 부모님이 돌아가시면 부모님의 형체가 사라졌으니 부모님의 육신은 없어지고 영혼만 남아 있다고 여기게 되지요. 그렇게 내 밖에 부모님의 영혼이 있다고 생각한다면 일체가 다 마음 가운데 있다고 하신 부처님의 가르침에 어긋나는 것이 됩니다.

일체가 다 마음 가운데 있다면 특별히 나라고 할 만한 게 따로 없습니다. 일체가 다 나입니다. 일체를 떠난 나만의 나라는 건 있을 수 없습니다. 그래서 '무아'라고 하는 것입니다. 나라고 할 것이 없다는 말과 일체가 다 나라는 말은 그래서 결국 같은 말입니다.

내가 나라고 생각하는 것, 내가 한국 사람이라는 것, 내가 한국말을 하는 것, 내가 한국 음식을 좋아하는 것, 이런 것은 다 내가 선택한 것이 아닙니다. 이미 나에게 주어진 것입니다. 선택의 여지가 없었습니다. 그럼 이게 어디에서 왔느냐. 바로 부모로부터 왔습니다. 육신만 부모로부터 물려받은 게 아니라 마음도 부모로부터 물려받았습니다. 부모는 나의 모체입니다. 나를 이루는 근원입니다.

그래서 내 마음속에 부모가 있는 겁니다. 육체적인 부모가 살아 있다거나 돌아가셨다 하는 것은 별 의미가 없습니다. 언제나 내 속에는 부모가 살아 있습니다.

그러면 내 부모 속에는 또 그 부모가 살아 있겠지요. 그러니 그 부모를 간직한 내 부모가 내 속에 살아 있으니 내 속에는 할아버지 할머니도 살아 있는 겁니다. 그래서 내 속에 5대조 조상도 살아 있고, 7대조 조상도 살아 있습니다. 그러니 내 부모가 한을 품고 돌아가셨다면 한을 품은 부모가 내 속에 있는 겁니다. 그럼 그것이 나의 한이 되는 겁니다. 그러니까 조상 영가를 천도한다는 말은 결국 내 상처를 치유한다는 말이지요. 부모를 천도해서 우리 부모가 극락세계에 갔다면 내 상처가 치유됩니다. 조상을 천도한다는 말은 나를 천도한다는 말입니다.

이렇게 내 안에 거꾸로 매달려 있는 조상을 바로 세워 극락으로 인도하려면 첫째 가난한 사람들에게 베풀어야 합니다. 또 죄를 지어놓고 배상만 해주면 안 되겠지요. 진솔한 사과가 있어야 합니다. 즉 참회가 있어야 한다는 말이지요. 알게 모르게 지은 모든 죄를 잘못했습니다, 하고 빌어야 합니다. 그런데 참회를 하려면 내가 무엇을 잘못했는지를 알아야 합니다. 내가 옳다는 생각을 내려

놓아야 합니다. 그러려면 무지를 깨치기 위해 법문을 들어야 합니다. 부처님 법문을 듣고 자신의 잘못을 알아야 하지요.

이렇게 가난한 자를 위해 베풀고 지은 죄를 참회하고 부처님 법문을 들어서 법을 깨치는 것, 이 세 가지가 백중재에 해야 할 일입니다.

세상 모든 고통에서 벗어나는 길

　　가난한 이에게 베풀고, 잘못을 참회하고, 법문을 들어
깨치는 것이 백중재의 참된 의미라고 했습니다. 누군가가 돌아
가셨을 때 영가를 천도하는 사십구재 역시 백중재와 같은 의미
입니다.

　　세상을 살다 보면 많은 어려움을 겪게 됩니다. 사업이 망해 부
도가 나서 재산을 다 잃을 뿐 아니라 일가친척에게 큰 빚을 지고
고통에 시달리는 경우도 있고, 사랑해서 부부가 되었는데 도리어
철천지원수가 되어 마침내는 헤어지고 마는 고통을 겪는 경우도
있습니다. 하지만 세상의 이런저런 수많은 고통 가운데 가장 큰

고통은 죽음의 고통일 것입니다.

사람들이 살아가면서 받는 이런 수많은 고통의 원인을 분석해 보면 크게 세 가지로 나눌 수 있습니다.

첫 번째는 욕심 때문에 온갖 고통이 발생합니다. 이것을 탐욕, 탐심貪心이라고 하지요. 사람들이 겪는 많은 고통이 이 욕심 때문에 일어납니다.

그렇다 해서 바라는 마음이 모두 다 욕심인 것은 아닙니다. 열을 해놓고 열을 바라면 욕심이 아닙니다. 열을 해놓고 백을 바라는데 그 백이 이루어질 수 없으니 그것이 탐욕입니다. 사람들은 모두 자기가 바라는 것이 정당하다고 생각하지만 객관적으로 볼 때 너나할 것 없이 일은 조금 하고 바라는 대가는 많습니다. 그래서 내가 바라는 것이 뜻대로 이루어지지 않을 수밖에 없고, 그것 때문에 고통을 겪게 되지요.

두 번째는 내 생각이 옳다는 고집 때문에 갖가지 갈등이 생기고 고통스럽습니다. 부부나 부모 자식 사이에는 특히 재물에 대한 욕심보다는 내 의견 내 생각을 고집해서 갈등이 발생합니다. 내 생각대로 안 되면 화가 나고 짜증이 나고 큰 소리를 치고 폭력까지 행사하게 되지요. 이러한 화내고 짜증내는 진에瞋恚, 진심瞋心이 고통을 야기하는 또 한 가지 원인입니다.

세 번째로는 어리석음이 고통의 원인입니다. 알지 못하기 때문에, 설령 알았다 해도 잘못 알았기 때문에 내가 원하는 결과를 얻지 못하고 오히려 정반대의 결과를 초래합니다. 마치 쥐가 쥐약을 먹고 물고기가 낚싯밥을 무는 것과 같습니다. 쥐가 배가 고파서 밥을 먹는 것은 탐욕이라고 할 수 없습니다. 그것을 성냄이라고도 할 수 없습니다. 다만 어리석어서 쥐약이 들어 있는 줄 알지 못하는 거죠. 이것을 치심癡心이라고 합니다. 이렇게 탐·진·치 삼독이 모든 고통의 원인입니다.

그런데 탐욕과 진에라는 것도 근본적으로 보면 결국은 어리석음 때문입니다. 욕심을 내는 게 결국에는 자기에게 손해인지를 모르고, 화를 내는 게 결국은 자기를 해친다는 것을 모르니 욕심을 내고 성을 내는 겁니다. 부처님은 세상 고통의 원인이 탐·진·치 삼독이고, 그 가운데서도 어리석음이 모든 고통의 근본 원인이라고 말씀하셨습니다.

그러니 고통에서 벗어나려면 탐욕을 버리고 성냄을 버려야 합니다. 어리석음을 깨우쳐야 합니다. 그럴 때만이 비로소 세상의 모든 고통에서 벗어날 수가 있습니다.

천도재의 의미

　　사람들은 인생을 살아가면서 대부분 자기 욕심만 차리고 삽니다. 그래서 수많은 사람에게 알게 모르게 빚을 지게 됩니다. 또 세상을 살면서 늘 내 의견만을 고집하게 됩니다. 그래서 알게 모르게 남을 가슴 아프게 합니다.

　　그러니 사십구재를 치르는 동안, 옛날식으로 표현하면 염라대왕 앞에 가서 재판을 받을 때 살아생전 빚을 얼마나 졌느냐, 남을 얼마나 가슴 아프게 했느냐를 따지게 됩니다. 그러므로 이 재판을 받는 기간 동안 빚을 갚고 용서를 구해야 합니다. 간절한 마음으로 참회를 하면 지은 죄가 사라지든지 경감이 됩니다.

『관무량수경』에 보면 사람이 죽은 뒤에 새로운 생명을 받는데, 아무런 죄가 없고 오직 타인을 위해 선행만 하고 부처님 법에 밝아서 지혜롭게 산 사람은 마치 옷을 벗고 입듯이 몸을 버림과 동시에 정토세계에 환생한다고 했습니다. 그리고 그보다 못한 사람은 12시간 만에, 그다음은 하루 만에, 그다음은 3일, 그다음은 7일 만에, 그다음은 3·7일 만에, 그 다음은 7·7일 만에, 이렇게 해서 모든 사람을 아홉 단계로 나눠 그 중 일곱 번째 사람이 49일 만에 환생을 합니다.

그리고 나머지 여덟 번째, 아홉 번째 부류의 사람은 지은 죄가 너무 많아 지옥으로 갈 수밖에 없습니다. 그러나 지옥에 갔다 해도 수많은 참회와 빚 갚음을 통해 지옥을 벗어날 수 있습니다. 그래서 돌아가신 영가를 위해 49일 동안 천도재를 지내는 겁니다.

재를 지내는 동안에는 해야 할 일이 크게 두 가지가 있습니다. 하나가 빚을 갚는 것이고, 하나가 진솔하게 뉘우쳐 참회하는 겁니다. 그런데 생전에 진 빚을 이미 돌아가신 분이 갚을 수 없게 되었으니 자식 된 도리로 부모 대신 빚을 갚고 부모 대신 참회를 해야 합니다.

부모에게 효도하는 다섯 가지 길 가운데 살아생전에 하는 효도가 네 가지고 나머지 한 가지가 돌아가신 뒤에 베푸는 것이라 했습니다. 재라는 것이 바로 베푼다는 말이지요. 부모를 대신해서 또는 돌아가신 분을 대신해서 빚을 갚는 것입니다. 그래서 음식을 마련해 가난하고 배고픈 사람에게 널리 베풀어 그들이 먹고 기뻐함으로써 살아생전에 지은 빚을 갚는다는 의미입니다.

그런데 똑같은 재물을 베풀어도 그 재물을 어떤 대상에게 베푸느냐에 따라 효과가 달라집니다. 잘사는 사람에게 음식 한 끼 대접하려면 비싼 음식점에 가서 좋은 음식을 사줘야 그가 잘 얻어먹었다고 생각합니다. 그런데 며칠 굶은 사람에게는 국밥 한 그릇만 사줘도 잘 얻어먹었다고 생각합니다. 인도같이 극빈촌에 가면 150원짜리 음식 하나만 사줘도 눈에 눈물을 글썽이며 잘 먹었다고 인사합니다. 그러니 같은 돈을 베풀더라도 누구에게 어떤 형태로 베푸느냐가 중요합니다.

우리 사회에는 아직도 굶주리는 사람이 많습니다. 병든 이도 많습니다. 또 북한에는 해마다 많은 사람이 굶어 죽어가고 있고, 가난과 내전에 시달리는 나라의 아이들 역시 먹을 것과 약이 없어

생명을 잃는 경우가 많습니다. 이들에게 음식을 베풀고 약을 베푸는 것이 재입니다. 꼭 절에 가서 음식을 차리고 의식을 치르지 않더라도 돌아가신 분의 유산 일부를 가난한 이에게 베풀면 그게 재의 근본 도리에 합당한 거지요.

두 번째로 참회를 해야 합니다. 살아가면서 알게 모르게 수많은 사람을 화나게 하고 짜증나게 하고 가슴 아프게 하고 답답하게 했음을 참회해야 합니다. 사과를 하고 용서를 빌어야 합니다. 이것 역시 본인이 할 수 없으니 인연 있는 살아 있는 사람들이 대신해야 합니다.

부처님을 부르고 관세음보살을 부르고 지장보살을 부르고 간절히 절을 하면서 염불을 하는 것이 참회에 속합니다. '죄송합니다. 제가 잘못했습니다' 하고 진정으로 참회해야 합니다. 말 한마디에 천 냥 빚도 갚는다고 진정한 참회는 어쩌면 재물을 풀어 베푸는 것보다도 큰 효과를 나타내기도 합니다.

아무리 사랑하는 부부 사이라도 남편에게는 아내, 아내에게는 남편에 대한 상처가 있습니다. 뭔가 내 식대로 하고 내 고집대로 한 것이 상대에게는 상처가 됩니다. 하물며 남은 말할 것도 없습니다. 부모 자식 사이에도 깊은 상처가 있지 않습니까. 그러므로 우리의 마음속에 영가에 대한 미움이 있다면 우리가 참회를 하고 반대로 영가도 사람들에 대한 미움이나 집착이 있다면 참회를 해야 합니다.

망자를 보내는 마음

음식을 베풀고 절을 하고 빚을 갚고 참회를 하면 지금까지 지은 죄는 용서될지언정 또다시 잘못을 저지를 위험이 있습니다. 그렇기 때문에 인생의 이치를 반드시 깨우쳐야 합니다. 인생의 이치를 확실히 깨우치지 못하면 다음 생에서 같은 고통을 또다시 겪게 됩니다.

이런 무지를 깨우치는 방법이 부처님의 말씀이고 법문입니다. 그래서 재를 지낼 때에는 반드시 훌륭한 법사를 청해서 법문을 들어야 합니다. 살아 있는 사람이든 죽은 영가든 법문을 듣고 깨우쳐야 고통을 되풀이하지 않을 수 있습니다.

그래서 재를 지낼 때의 법문은 중생의 어리석음을 깨우치는 데 초점이 있습니다. 중생은 어리석어 고통을 자초합니다. 특히 젊었을 때에는 좋은 옷을 입고 좋은 집에 살고 좋은 음식을 먹는 것으로 나와 남을 비교하고 재산의 많고 적음과 지위의 높고 낮음으로 인생을 평가하며 삽니다. 하지만 나이가 예순이 넘어 인생을 돌아보면 비싼 음식을 먹든, 국수를 먹든, 보리밥을 먹든 지나가버리면 별 차이가 없고 20평짜리 아파트에 사나 50평짜리 아파트에 사나 지나놓고 보면 별거 아니지요. 지위가 높다고 목에 힘주고 살았는데 은퇴하고 돌아보니 다 부질없는 짓이라고 느낍니다.

그래서 부처님 법을 제대로 알려면 나이가 좀 들어야 합니다. 나이가 들어서 이 법을 들어보면 너무나 지당한 얘기라서 젊었을 때 이런 도리를 알았더라면 인생 살기가 얼마나 편하고 자유로웠겠냐 하는 아쉬운 생각이 들기도 합니다.

불법은 인생살이의 이치입니다. 한마디로 쉽게 말하면 인생이 별거 아니라는 것을 알게 되는 겁니다. 사람의 삶이 길가에 피어 있는 한 포기 잡초와 같다는 걸 확실히 알아버리면 천하에 두려울 게 없어지고 자유로워집니다. 그런데 어리석은 사람들은 인생이 뭔가 대단한 줄 잘못 알고 살기 때문에 한평생 전전긍긍하면서 사는 것이지요.

이걸 교리적으로 말한다면 '내 것이라 할 게 본래 없는 줄'을 알아야 한다는 말입니다. 우리는 늘 내 것이라는 생각에 꽉 막혀 있습니다. 그래서 재산이 조금이라도 줄면 내 것을 잃어버렸다고 밤잠도 못 자고 아까워하지요.

우리가 남에게 돈을 빌려줄 때는 지금은 돈이 나가지만 이 돈이 이자를 보태서 돌아오는 줄을 알기 때문이지요. 이처럼 어리석은 자는 재산이 줄면 자기 돈이 나가는 줄로만 알고 울고불고 하지만 현명한 자는 지금은 나가지만 오히려 이익을 불려서 돌아오는 줄을 알기에 괴로워하거나 슬퍼하지 않습니다.

그런데 더 지혜로운 자는 그 돈이 본래 내 것이 아닌 줄을 압니다. 마치 은행 직원과 같지요. 은행 직원은 누가 예금하러 오면 그냥 돈을 세서 넣어두고 누가 출금하러 오면 그냥 세서 내줍니다. 예금하러 오든지 출금하러 오든지 기뻐할 일도 슬퍼할 일도 없습니다. 다만 재물이 적당한 용처에 쓰이도록 하는 겁니다. 세상의 재물을 그렇게 봅니다. 이게 깨달음입니다.

우리의 삶과 죽음 역시 마찬가지입니다. 새 옷을 입으려면 헌 옷을 벗어야 합니다. 그런데 어리석은 사람은 헌 옷을 벗으면 그걸로 끝나는 줄 알고 옷을 벗기 싫다고 울고불고 난리입니다. 하지만 헌 옷을 벗고 새 옷을 입는 줄을 알면 헌 옷을 벗을 때 울 일이 없습니다. 오히려 기뻐하지요. 헌 옷을 벗는 것은 기쁜 일입니다. 옷을 벗기 때문에 슬픈 일이 아니라 옷을 벗기 때문에 기쁜 일입니다.

이와 마찬가지로 늙은 육신이나 병든 육신을 버릴 때 좋은 새몸을 받는 줄 알면 도무지 울 이유가 없습니다. 고통의 사바세계에서 행복의 정토세계로 가는 걸 확연히 안다면 이 길 떠남이 조금 아쉬울지언정 슬프거나 두렵지는 않습니다. 그래서 죽음 앞에서 어리석은 범부는 슬피 울지만, 수행자는 울지 않습니다. 매정해서 울지 않는 게 아니라 헤어짐이 섭섭하지만 헌 옷을 벗고 새옷을 입는 줄을 알고 헌 집에서 새 집으로 이사를 가는 줄을 아니슬피 울 일이 없습니다.

육조 혜능 대사가 돌아가실 때 제자들이 울었습니다. 그러자 혜능 대사가 제자들에게 이렇게 말씀하셨지요.

"자네들이 지금 내가 어디로 가는지를 모르니 그렇게 울고불고 야단이지, 내가 어디로 가는지 안다면 이렇게 울지는 않을 걸세."

섭섭함이 좀 있긴 하지만 도무지 슬피 울 까닭이 없다는 걸 아는 것이지요.

이렇게 재를 지내며 법문을 듣고 삶과 죽음이 둘이 아님을 깨쳐야 합니다. 그러니 산 자들이여, 이 도리를 안다면 슬퍼하지 말라는 겁니다. 가는 자도 이 세상에 미련을 갖지 말라는 겁니다.

떠나는 이는 낡고 문드러진 헌 육신에 미련 없이 헌 집을 버리고 새 집으로 이사 갈 때처럼 가볍게 길을 떠나고, 남아 있는 사람도 가볍게 전송해야 합니다. 섭섭함이 없다는 게 아니라, 인정머리가 없어서 눈에서 눈물이 안 나는 게 아니라, 헤어짐이 못내 섭섭하지만 늙고 병든 몸을 이끌고 사는 것보다 새 몸을 받는 것이 더 좋은 일임을 알기 때문입니다.

헤어짐은 섭섭하지만 좋은 일입니다. 그것이 망자를 보내는 태도입니다.

불생불멸의 진리

　　부처님의 가르침은 고통받는 지옥에서 벗어나 행복한 천상으로 가는 것에만 머무르지 않습니다. 부처님의 가르침은 바로 해탈로 인도합니다.

　　이 세상에서는 돈이 나갔다고 슬퍼하고 들어왔다고 기뻐한다면 그 돈이 본래 내 것이 아님을 아는 것이 해탈의 삶입니다. 나고 죽음이 있는 세계에서는 더 좋은 세계가 있고 더 나쁜 세계가 있습니다. 극락이 있고 지옥이 있습니다. 하지만 나고 죽음이 없는 세계를 안다면 좋고 나쁜 세계가 없어져 버립니다.

　　바다에는 파도가 무수히 일어나고 사라집니다. 그러나 바다 전체를 보면 파도는 생기는 것도 아니요, 사라지는 것도 아닙니다. 다만 물결이 출렁거리는 것일 뿐입니다. 파도 하나하나가 이 세상에 있는 수많은 생명이라면, 지금도 저 넓은 바다에는 수억 수십억 수백억의 생명이 일어나고 사라지고 일어나고 사라지고 있습니다. 그러나 바다 전체로 보면 생기는 것도 없고 사라지는 것도 없습니다.

그런데 우리는 하나의 파도에 집착할 뿐 바다를 모르는 것과 같습니다. 나고 죽음에 집착해서 끝없이 생사윤회를 거듭하는 겁니다. 바다 전체를 보는 눈이 트인다면 생기고 사라지는 생사의 울타리에서 벗어나게 되겠지요. 다만 이 세상은 생명의 바다가 출렁거릴 뿐입니다. 그러니 옴도 없고 감도 없습니다. 이 오고 감이 없는 것이 바로 여여히 오고 여여히 간다는 여래입니다.

붓다는 이 진리를 깨쳤기에 삶과 죽음에 기뻐하거나 슬퍼하지 않습니다. 세상을 다만 출렁거리는 바다처럼 물끄러미 지켜볼 뿐이지요. 그러므로 살아 있는 동안에는 기꺼이 잘 살다가 파도가 일어났다 사그라지는 것처럼 사라질 때가 되자 아무 두려움 없이 사라졌습니다.

이처럼 생겨난다 해서 생겨나는 것도 아니고 사그라진다 해서 사그라지는 것도 아닌 그것이 『반야심경』에서 말하는 불생불멸의 진리입니다. 이렇게 여여한 도리를 깨쳐야 합니다. 재를 지낼 때 영가가 이러한 도리를 깨친다면 즉시 윤회 고에서 벗어나 해탈할 것이고, 살아 있는 사람 역시 이 도리를 깨친다면 즉시 모든 번뇌에서 벗어날 것입니다.

아무리 추워도
봄은 온다

동지

봄을 기다리며 지금까지 있었던 모든 재앙을 쫓는 기도
12월 22일.
1년 중 낮의 길이가 가장 짧은 날.

봄은 온다, 반드시 온다

　　우리나라에서 동지는 1년 중 낮의 길이가 가장 짧은 날로 12월 22일쯤 됩니다. 반대로 낮이 가장 긴 때가 하지인데 6월 22일쯤입니다. 그리고 낮과 밤의 길이가 똑같을 때가 춘분과 추분입니다. 해가 짧다가 길어지는 쪽으로 가면서 낮밤의 길이가 같아지는 날이 춘분이고 해가 길다가 짧아지면서 낮밤의 길이가 같아지는 날이 추분입니다.

　　그럼 왜 하지나 춘분, 추분 기도는 없는데 동지 기도만 있을까요. 또 마찬가지로 입하도 있고 입추도 있고 입동도 있는데 입춘 기도만 있을까요. 이것은 이들 절기의 의미가 수행의 원리와 같기 때문입니다.

해가 길어지면 날이 따뜻해지고 해가 짧아지면 날이 점점 추워지는 것은 인연과보입니다. 원인이 있으면 결과가 있고, 결과가 있으면 원인이 있는 법이지요. 그런데 원인과 결과 사이에는 시차가 있습니다. 원인이 있고 결과가 금방 나타나는 것도 있지만 원인이 있고 결과가 한참 있다 나타나는 경우도 있습니다.

우리나라에서는 해가 가장 길 때는 6월 22일 무렵의 하지입니다. 하지만 하지 때 날씨가 가장 덥지는 않습니다. 그로부터 한 달쯤 지나야 날이 가장 덥습니다. 해의 길이와 날씨 사이에 약 한 달 정도의 시차가 있는 것이지요.

마찬가지로 해가 가장 짧을 때인 동지와 날씨가 가장 추운 시기도 한 달 정도의 시차가 있습니다. 그래서 동지가 지나 오늘부터 해가 길어지는데도 불구하고 날씨는 계속 추워집니다.

이렇게 동지가 지나서도 날이 점점 더 추워지는 건 해가 점점 짧아져서 추워지는 게 아니라 지금까지 짧아져 왔던 그 결과가 한 달 후에 나타나기 때문입니다. 그래서 사람들이 피부로 느끼기에 가장 추울 때가 소한, 대한입니다. 동지로부터 한 달 후쯤이 대한

인데 그때가 가장 추울 때지요.

그런데 이 원리를 모르는 사람은 이 추위가 도무지 끝날 것 같지 않게 느껴집니다. 그러나 자연의 원리를 아는 사람은 동지를 분기점으로 그 다음 날부터는 이미 봄이 오고 있다는 것을 압니다. 오늘부터 해가 길어지니 봄은 필연적으로 올 수밖에 없는 것이지요.

우리 인생의 원리도 이와 마찬가지입니다. 이런 원리를 아는 사람은 지금까지 아무리 삶이 고통스러웠다 해도 지금부터 발심을 해서 정진하면 반드시 행복해진다는 걸 압니다. 아직 날이 춥지만 봄은 온다는 것을 알지요. 내가 지금 성불의 길, 자유의 길로 가고 있다는 걸 압니다.

그런데 그걸 모르는 사람은 정진을 해도 좋아지기는커녕 나쁜 일이 더 많이 생기기도 하니 "에이, 기도해 봤자 아무 소용 없다. 수행해 봐야 소용도 없구나" 하고 중간에 포기해 버립니다. 오늘 발심해서 수행을 하기 시작하면 오늘부터 좋아지고 있는 건데 그 현상이 겉으로 드러나려면 시간이 걸린다는 걸 모르기 때문이지요.

또 명상을 한다고 앉아 있으면 돌아다닐 때보다 번뇌가 더 많이 생기지요. 정신을 집중해서 기도한다고 염불을 하면 망상이 더 생깁니다. 이것이 마치 오늘부터 해가 길어짐에도 불구하고 날씨가 더 추워지는 것과 같습니다. 원인을 짓고 결과가 나타나기까지 시간이 걸리기 때문에 그렇습니다.

그런데 제일 추울 때에는 이게 제일 추울 때라는 걸 모르지요. 그러다 "아, 날씨가 전보다 따뜻해졌구나" 하고 인식을 할 때가 있습니다. 보통 대한 지나고 보름쯤 지나서 대한이 제일 추웠고 이제는 따뜻해져 간다는 걸 예민한 사람은 알 수 있어요. 그때가 입춘입니다.

아직도 춥지만 그러나 제일 추울 때는 지났다는 걸 알 수 있는 때가 입춘이지요. 봄이 시작되고 있다는 것이지요. 그러다 꽃이 피고 새싹이 돋는 3월 말이 지나야 모든 사람들이 봄이 왔다는 걸 느낍니다. 이때는 천하가 다 아는 봄입니다.

수행자에게는 동짓날이 봄의 시작

수행자는 동짓날에 이미 봄을 압니다. 아직 혹한의 추위가 남아 있지만 동지를 지나면 봄이 올 수밖에 없다는 걸 확실히 압니다. 그래서 수행적 관점에서는 동지가 제일 중요합니다.

대부분의 사람들은 꽃이 피어야 봄이 온 걸 알아차리고 새싹이 돋아야 봄이 온 걸 알아차리지만 수행자는 동지가 봄의 시작임을 아는 것이지요. 그래서 수행자는 동지 기도를 하는 겁니다.

옛날에는 겨울에 식량도 없고 땔감도 없어서 겨울을 나기가 정말 어려웠어요. 그래서 겨울을 인생의 고통에 비유했지요. 우리가 세상을 살아가면서 괴로울 때에는 희망이 필요합니다. 깊은 고통의 나락에 떨어져 도저히 헤어날 길이 없다고 생각될 때 한 줄기 희망이 보이면 그건 마치 긴 가뭄에 단비가 내리는 것과 같습니다.

동지에는 봄을 기다리며 지금까지 있었던 모든 재앙을 쫓는다는 뜻이 있어요. 추위가 아직 남았지만 이제는 봄이 올 가능성이, 고통에서 벗어날 가능성이 근본적으로 열렸다는 것이지요. 그래서 예로부터 동짓날에는 팥죽을 쑤어서 재앙을 쫓았어요. 붉은색이 재앙을 쫓는 색이라고 인식되어 왔기 때문이지요. 실제로는 붉은 색깔이 귀신을 쫓는 것도 아니고 팥죽이 재앙을 막는 것도 아니지만 대대로 내려오는 전통 문화이니 지금도 동짓날에는 팥죽을 쑤어 먹는 겁니다.

어떤 사람은 문화와 진리를 혼동해서 문화를 진리로 검증하려 하고, 어떤 사람은 문화를 가지고 진리라고 주장합니다. 문화를 진리라고 주장하는 사람도 잘못된 견해를 가진 것이고, 문화를 진리가 아니라고 주장하는 것도 잘못된 견해를 가진 것입니다. 문화는 그냥 문화일 뿐입니다. 이렇듯 동지는 우리의 문화가 되었지만 수행자라면 마땅히 수행적 관점에서 동지의 의미를 되새기고 기도를 해야 합니다.

　지금 바른 한 생각 딱 내면, 그 순간이 동지를 지나가는 겁니다. 그 한 생각에서 수행을 시작해 내가 좀 좋아졌구나 느낄 때가 입춘입니다. 그때는 어느 정도 자신의 수행에 자신감이 생깁니다. 입춘이 지나면서 수행의 결과도 점점 나오기 시작합니다. 이 시점을 지나면 수행하는 만큼 결과가 나오니 인연과의 법칙을 확실히 알게 되고 힘이 들어도 수행에 재미가 나지요.

　이렇게 인연의 법칙에는 시차가 있다는 걸 알기에 수행자는 아무런 두려움이 없습니다. 나쁜 일이 생겨도 옛날에 지은 과보라고 담담히 받아들입니다. 전생에 내가 뭐 어쨌다는 이런 데에는 도통 관심이 없습니다. 지금 내가 이렇게 추운 동지를 넘어가니 시간이 지나면 좋아질 걸 알고 담담하게 수행해 나갈 뿐입니다.

날마다 새날을 위한 한 걸음

새로운 인생을 말할 때 보통 죽어서 다시 태어나는 것을 이야기 합니다. 그러나 몸만 새로 태어나서는 실제로 새로운 게 하나도 없습니다. 인생의 물꼬를 바꾸려면 살아있을 때 스스로 방향을 틀어야지 이 자리에서 죽으면 그 자리에서 다시 시작하는 것입니다.

인생이 새로워지는 기회는 언제일까요? 일생에 세 번 기회가 있다고 말합니다.

첫 번째는 사춘기입니다. 사춘기는 자신에게 주어진 대로 살다가 문제의식을 처음 갖게 되는 시기입니다. 지금까지는 부모 하자는 대로 말을 잘 듣다가 한 존재로서 자기 문제의식을 가지면서 부모 말을 잘 안 듣고 반항도 많이 하지만 또 새로운 아이디어도 많이 냅니다. 바로 이때가 인생을 새롭게 출발할 수 있는 기회입니다. 이 때 그냥 넘어가더라도 두 번째의 기회가 있습니다.

갱년기가 해탈로 갈 수 있는 인생의 두 번째 기회입니다. 지금까지 살아온 인생이 무의미해지고 허무해지는 것을 느끼면서, 정말 사는 게 뭘까? 내가 누군가? 하는 진지한 질문을 하게 됩니다. 그 동안 몸에 너무 집착해 있다가, 자식에 집착해 있다가, 남편이나 아내에 집착해 있다가, 가족에 집착해 있다가, 재물에 집착해 있다가 그런 것들이 어느 순간에 무의미하게 느껴지면서 진지하게 자기 자신에게로 관심이 돌아오기 시작합니다. 그러니 나쁘게 말하면 이때가 방황의 시기고, 좋게 말하면 인생을 새 출발할 시기, 정말로 생을 진지하게 돌아볼 시기입니다.

세 번째 기회가 또 있습니다. 은퇴하고 7, 80이 넘어서 남편이나 아내가 먼저 죽고 자식하고도 떨어지고, 혼자 외롭게 있을 때입니다. 늙어서 인생을 돌아보면 그 동안 싸우고 미워하고 원망하고 악착같이 했는데 돌아보니 가슴에 상처만 남아있지 다 쓸데없는 짓이었다 싶은 겁니다. '정말 다시 태어나면 이렇게 안 살겠다' 할 만큼 진지한 발심이 들지만, 그때는 이미 몸뚱이를 어떻게 해 볼 수 없지요. 이렇게 해서 똑같은 인생으로 돌고 돌며 살아가는 것입니다.

이런 세 번의 기회 말고도 특별히 기회가 생길 때도 있습니다. 친한 사람이나 자신의 죽음 앞에서 사는 게 뭔지 돌아보게 되죠. 그런 큰 고통을 겪을 때, 세상에서는 이걸 불행이라 하지만, 그것이 삶을 바꾸는 계기가 될 수 있습니다. 세상에서 말하는 큰 불행이라는 것 속에 크게 깨닫고 발심해서 인생이 새로워지는 길이 있습니다.

우리는 지금 어떤 고민을 하고 있습니까? '비만인데 어떻게 하면 살이 빠질까' 하는 것이 고민거리입니다. 이것은 안 먹으면 되고, 일 많이 하면 되지요. 그런데 그런 것 하나 해결 못합니다. '아침에 일찍 일어나야 한다' 다짐하지만 그것도 해결 못합니다. 운동해야 한다고 하면서도 안 하잖아요. 설탕, 커피 안 먹어야 한다 하면서 그것도 못 지킵니다. 술 안 마셔야 한다, 그것도 못 지키잖아요. 남편에게 잔소리 안 해야지 하면서 날마다 합니다. 왜 그럴까요? 살아온 습관, 몸에 밴 습관, 마음의 습관에 속박되어서 늘 못 벗어나는 거예요. 화내고는 '안 내야지', 짜증내고는 '안 내 야지', 욕심내고는 '안 내야지' 하면서도, 물건만 보면 욕심나고 사람 얼굴만 보면 짜증이 납니다. 자기에게 지금 무엇이 문제인지 도 모르는 사람도 있지만, 무엇이 문제인지 알아도 스스로 어떻게 못하는 거예요. 이런 식으로 계속 하루하루 삽니다. 아내는 '아이 고, 남편 때문에 못 살겠다', 남편도 '아이고, 마누라 잔소리 때문 에 못 살겠다', 애들은 '아이고, 우리 엄마 잔소리 때문에 못 살겠 다', 부모는 '애들이 애를 먹여서 못 살겠다.' 이렇게 부부가 되어 서로 괴롭히고 부모 자식이 되어 서로 괴롭히며 살고 있습니다. 결국 우리는 우리가 가진 에너지를 자기를 괴롭히고 남을 괴롭히 는 데 씁니다.

수행을 하면 무엇보다도 내가 자유롭고 행복해져요. 그러면 에너지가 남지요. 그래서 남을 돕는 데 쓸 수 있습니다. 그렇게 하 기 위해서는 먼저 내 자신의 삶을 깊이 돌아봐야 됩니다.

이제는 남편이나 아내를 의심하고, 또 타인에 대해서 피해의식 갖고, 자기가 잘 났다는 과대망상 갖고, 늘 초조하고 불안하고 방황하는 것에서 벗어나야 합니다. 성내고 짜증내고 욕심내고 잔소리하고 거짓말 하는 데서도 벗어나야 합니다. 먹고 입고 자는 것에서도 자유로워져야 합니다.

붓다의 가르침은 그저 추앙받기 위해서 존재하는 것이 아닙니다. 그의 가르침이 위대한 가르침으로 남아 있는 이유는 실제로 행복한 삶으로 살아갈 수 있게 이끌기 때문입니다.

붓다의 출생, 출가, 성도, 열반과 전통문화가 어우러져 불가의 명절로 이어지는 이유는 우리의 삶도 나날이 새롭게 시작하라는 수행의 의미로 느낄 때에 참 의미가 있다고 하겠습니다.

그렇게 자기 삶을 새로이 해봅시다. 속박과 굴레의 집을 한번 떠나보자는 거지요. 보따리 싸서 집 나오는 것만이 능사가 아니라, 남편을 외면하고 아내를 외면하고 자식을 외면하는 것이 아니라, 바로 탐욕과 성냄과 어리석음을 버림으로 해서, 집착을 놓아 버림으로 해서 자유로워져 보자는 것입니다.

몸뚱이가 죽어서 새로 태어나야 태어나는 것이 아니고 습관,

즉 카르마에서 벗어나는 길에 들어서야 새로 태어나는 것입니다.

누에가 자신의 입에서 나온 실로 고치를 만들고 그 속에 갇혀 아우성치다가 고치의 구멍을 뚫고 나방이 되어서 날아가듯이, 카르마에서 벗어나야 부활이라 할 수 있지요. 이것이 해탈이고 열반입니다. 바로 그 길로 가는 것, 감옥에서 문을 열고 밖으로 나가는 게 출가입니다. 부처님이 동쪽 성문을 넘어서 출가를 하셨다는데 우리도 굴레 속에서 갇혀 살다가 문을 열고 자유를 향해 밖으로 한 번 나가봅시다.

날마다 새날

불교 명절에 담긴 수행 이야기

1판 1쇄 발행 2016년 7월 15일
1판 2쇄 발행 2016년 7월 25일

지은이 법륜
그린이 김은정
펴낸이 김정숙
기획편집 이상옥, 임혜진, 이정민, 김종명
마케팅 박영준

펴낸곳 정토출판
등록 1996. 5. 17 제22-1008호
주소 06653 서울시 서초구 효령로51길 7(서초동)
전화 02-587-8991
전송 02-6442-8993
e-mail jungtobook@gmail.com

ISBN 979-11-87297-01-7 03220